역
세
권

역사를 품은 역
역세권

1판 1쇄 찍음 2024년 1월 11일
1판 1쇄 펴냄 2024년 1월 18일

지은이 박은주
펴낸이 이정희
디자인 조성미
일러스트 아피스토
제작 (주)아트인

펴낸곳 미디어샘
출판등록 2009년 11월 11일 제311-2009-33호

주소 03345 서울시 은평구 통일로 856 메트로타워 1117호
전화 02) 355-3922
팩스 02) 6499-3922
전자우편 mdsam@mdsam.net

ISBN 978-89-6857-235-7 04900
          978-89-6857-221-0 SET

www.mdsam.net

역세권

역사를 품은 역

박은주 지음

미디어샘

역세권에 자리한
역사의 숨은 이야기들

"PD는 사람을 아껴야 한다." 방송사에 입사하면서 머릿속에 스스로 새겼던 문장이다. 이제는 뇌에 박혀 지울 방법이 없다. 어떤 프로그램을 만들어야 하는지에 대한 가장 현명한 해답은 언제나 '사람'에게서 찾았다. PD는 시시포스와도 같다. 시시포스는 커다란 바위를 산꼭대기로 밀어 올리고 바위가 산 아래로 다시 떨어지면 다시 올리기를 반복하는 형벌을 받은 그리스신화의 한 인물이다.

PD도 마찬가지다. 맡은 프로그램이 바뀔 때마다 바위를 산 아래서 위로 굴려 올리는 일을 반복해야 한다. 그 과정 속에서 중요한 것은 '사람에 대한 관심'과 끊임없는 질문이다.

'질문을 한다'는 것은 상대뿐 아니라 나 스스로를 이해하려는 노력의 산물이기도 하다. 나는 프로그램을 제작하는 매순간, 스스로 얼마나 가치 있는 일을 하고 있는지 돌아보고 반성하는 과정을 반복한다. 그래야 한 시대를 채우고 살아가는 평범한 사람들의 이야기를 선입견 없이 담아낼 수 있기 때문이다.

이 책은 역사를 애정하고 사람을 아끼려 노력하는 서울 변방의 한 방송사 PD의 소소한 기록이다. 건축과 책, 교육과 역사 프로그램을 제작하면서 직접 취재하고 만났던 사람들과 공간의 이야기를 담았다. 지하철역 근처에 자리 잡은 역사가 깃든 공간을 찾아 숨은 이야기 기록하고, 증언자와 전문가들의 인터뷰를 더했다.

한 사회를 지탱하는 것은 평범한 사람들이라는 말이 있다. 역사도 마찬가지다. 기억에서 사라진 사람들의 이야기가 지금 우리가 누리는 삶을 뒷받침해줄 때가 많다. 역사를 기억하는 것은 기록과 흔적이다. 책과 그림, 수기 등 한 시대를 풍미했던 수많은 사람들이 남긴 기록으로 우리는 옛것을 해석하고 오늘의 역사를 더 단단하고 현명하게 쌓아올린다. 그 기록에 생기를 불어넣는 것은, 바로 옛 사람들의 인생 터전,

그리고 역사적 공간의 흔적이다. 긴 세월 동안 한 자리에서 여러 시대를 품었던 역사적 산물들은 우리 삶의 영역에서 결코 멀리 있지 않다.

평소 나는 일상 공간 속에서 함께 머무는 사람들의 모습을 영상으로 담는 것을 즐긴다. 기쁨과 웃음, 슬픔과 눈물들이 불과 몇 년 후에는 아련한 향수가 되어 공기 속으로 사라질 때가 많기 때문이다. 우리가 잊고 지내거나 거부했던 것들조차도 시간이 지나면 추억이 되어 돌아온다. 과거에 두고 온 소중한 순간들을 온전히 기억하지 못하면 지금 우리가 누리는 눈앞의 행복이 얼마나 크고 아름다운지 깨닫지 못한다.

'아름'의 어원 중 하나가 "팔을 둥글게 모아 만든 둘레"이다. 어쩌면 우리가 추구해야 할 가장 아름다운 인생은 과거와 현재를 잇는 연결고리를 찾아 오늘을 지탱할 힘을 찾는 삶이지 않을까. 나다운 것이 가장 아름답다는 말이 있다. 매 순간 우리는 어떻게 사는 것이 '나다운 인생'인지, 그 해답을 찾지 못하고 방황을 반복한다. 그럴 때 이 책이 도움이 되길 바란다. 옛 사람들의 이야기와 터전이 담긴 공간으로 발길을 돌려보자. 몸소 역사를 접하고 나면 나도 모르게 지금 내가 누리는 인생의 진리를 깨닫게 될 것이다.

가장 가까운 역사로 달려가 지하철을 타보자. 책에서 안내하는 출구로 나가는 순간, 평소와는 다른 발걸음에 설렘이 더해질 것이다. 내 삶의 가치를 찾는 '아름다운 역사 여행'에 담담하게 첫발을 내딛길 바란다.

박은주

저자와 수년 전부터 역사스테이 <흔적>이라는 프로그램을 통해 함께 영상으로 이야기를 만들어 왔다. 서울 곳곳을 누비며 한없이 아름다운 가치들을 발견하는 순간을 공유했는데, 그러한 노력이 결실되어 책으로 묶어졌다. 영상에서는 할 수 없었던 이야기부터 영상이기에 담아낼 수 있었던 이야기까지, PD의 시선이 더해져 오늘을 살아가는 우리에게 문화와 예술, 역사의 흔적을 되새기게 한다. 이 책을 들고 지하철역으로 향해보자. 분명 우리가 놓치지 말아야 할 역사의 흔적들이 눈 앞에 펼쳐질 것이다.

_심용환(역사학자, 역사N교육연구소장)

내가 사는 곳 근처에 있거나 평소 무심히 지나쳤던 지하철역이 이토록 흥미로운 역사와 사람 이야기를 품고 있다니! 이 책에 실린 15편의 아름다운 글들은 '나다운 인생'을 발견하는 여행의 길잡이다. 저자가 발로 뛰며 따뜻한 성찰로 써 내려간 이 책은 지하철을 이용하는 전국 주요 도시의 시민이라면 꼭 읽어야 할 교양의 보고(寶庫)다.

_이채훈(한국PD연합회 정책위원, 《모차르트 평전》 저자)

우리가 역사로 기억해 남길 만한 가치가 있다고 생각하는 대상은 주로 어떤 것일까? 우리가 상상하는 것들 안에, 알고 보면 우리 경제 성장의 주역이었던 가난한 여공들이 살았던 비좁고 허름한 단칸방, 군사정부가 외화벌이로 활성화한 기지촌 여성들을 관리하던 성병관리소 같은 공간이 포함되어 있을까? 아니 이 많은 이른바 '순이들'이 우리나라 노동조합 운동의 시작에, 외화벌이 운동의 최전선에 있었다는 사실을 아는 사람이 몇이나 될까? 이 책은 이렇게 역사가 기억하지 않거나, 기억하길 거부하는 이들의 삶을, 그들이 지나온 공간의 흔적을 편견 없는 시선으로 담고 있다. 역사는 이렇게 평범한 사람, 때론 소외된 사람이 만든다. 이 묻힌 이야기를 듣고 싶다면 이 책을 꼭 펼쳐보길 바란다.

_김만권(정치철학자, 《외로움의 습격》 《새로운 가난이 온다》 저자)

'사람을 가장 귀하게 여긴다'는 PD가 기름기를 쏙 빼듯 사람을 걸러내어 잊히는 것이 안타까운 우리 근현대사의 일부를 오롯하게 이야기하는 책을 펴냈다. 대상을 마주할 때 편견 없이 상대를 먼저 배려하는 평소의 작가 모습이 모든 페이지에 숨어 무심한 듯 담담하게 마치 식객 스토리 같은 진솔한 맛의 이야기를 지하철에 실어 맛깔스럽다. 저자의 따뜻한 호흡이 느껴지는 역사 속 희로애락 스토리텔링이다.

_유현덕(한국캘리그라피협회장)

흔히 역세권은 복잡하고 화려한 공간으로 이해되지만, 저자의 《역세권》에는 평범하지만 의미 있는 사람들의 공간이 자주 보인다. 'PD는 사람을 아낀다'라는 저자의 직업적 사명감이 묻어나서일까? 성공의 역사, 화려한 역사보다 평범한 일상이 쌓아

올린 역사, 외면하기 쉽거나 왜곡된 역사 현장을 찾아가는 여정 속에서 다양한 사람들이 보이고 사람을 아끼는 저자가 보인다.

_장영기(문화재청 사무관, 문학박사)

20년 이상 학생들에게 역사를 가르치면서 늘 고민했던 것은 '내가 즐겁게 공부한 역사를 아이들도 즐겁게 받아들일 수 있을까' 였다. 일반인들도 전공자처럼 즐길 수 있는 역사. 그 답을 이 책을 통해 찾을 수 있었다. 역사가는 흔적을 찾아 복원시키고, 시민들은 그 흔적 위에 추억을 쌓는 것이다. 그래서 함께 즐길 수 있다는 평범한 진리가 이 책에 담겨 있다. 그리고 그 역사의 흔적은 돌아보니 가까이 있었다는 점까지.

_정제원(숭의여자고등학교 역사교사, EBS 대표강사)

이 책을 읽으며 나는, 걷기를 좋아하는 박은주 PD와 마치 산책하듯, 탐방하듯, 사유하듯 함께 걸었다. 누구보다도 '사람의 내면을 차분하게 들여다볼 줄 아는 PD'와 '함께 걷는다'라는 것은 참 행복한 여정이다. 인간과 다큐멘터리에 진심인 그가 긴 시간

공을 들여 만든 작품들을 글로 녹여낸 책. 여행, 역사, 인문학적

에세이 이 모두를 좋아하는 이들에게 꼭 추천하고 싶다.

_이상미(뮤지션)

1호선

종
각
역

3-1
출입구

서울 종로, 도시유적의 상징

공평도시유적전시관

발아래 펼쳐지는 300년 전 골목길 풍경

종각역 출구에서 나와 고개를 돌린다. 종각의 상징적 건물, 종로타워(구 국세청)를 눈으로 확인한다.

'종로에 왔구나!'

북악산과 청계천으로 둘러싸인 서울의 중심지다. 역에서 나와 북촌 방면으로 2분 정도 걷다 보면 횡단보도 앞에 나란히 솟아 있는 26층짜리 건물 두 개를 볼 수 있다. 센트로폴리스다. 고개를 들어 하늘과 맞닿은 건물의 꼭짓점을 올려다본다. 전통 창호를 닮은 모습 탓에 도시와 소통하듯, 주변 환경과 적절한 조화를 이루고 있다. 1층 보행로는 마치 종로의 옛길을 존중하듯 골목길이 되어 도시의 맥을 이어준다.

혼잡한 도시를 뒤로 하고 지하로 내려가는 에스컬레이터로 발을 뻗는다. 전시실에 들어서는 순간 믿을 수 없는 광경이 눈앞에 펼쳐진다. 서울 종로의 한복판에 이런 도시유적전시관이 있었다니! 조선 한양에서부터 근대 경성에 이르기까지, 종로의 골목길과 건물터 등이 온전하게 발굴, 보존돼 있다. 고개를 숙여 발아래를 내려다본다. 전시 유리관 아래에 펼쳐진 옛길을 따라 발길을 이어간다. 유적 전체를 지하에 그대로 살려낸 한국형 문화재 보존법이라고 할까. 16~17세기 건물의 주춧돌, 초석, 기둥, 배수로, 근대나무 말뚝 등을 정성스레 눈에 담아본다. 종로에서 학창 시절을 보낸 나로서는 당장이라도 친구들을 불러 모아 이 광경을 함께 나누고 싶은 심정이다.

유적 위에 건물을 짓다

공평도시유적전시관은 2018년 9월에 개관했다. 재개발 진행 과정에서 발견된 문화유산을 건물 지하 1층에 통째로 보존한 국내 최초 사례다. 2015년 공평동 도시환경정비사업을 추진했을 당시 조선 한양에서 근대 경성에 이르기까지, 골목길과 건물터가 온전하게 발굴되었다. 서울시는 도시유적과 기억을 원래 위치에 전면적으로 보존하기로 했다.

발굴에 참여했던 고고학자 신희권 교수는 우여곡절 많았던 그때를 떠올린다.

당시 대대적인 발굴조사가 종로 일대 재개발 과정에서 이뤄지고 있었어요. 조선시대 500년 역사가 묻힌 땅, 종로였기 때문에 어디를 파도 유적은 나올 거란 생각을 했죠. 그러다 보니 발굴조사 중에 나온 유적들을 모두 보존할 수 없는 현실적인 벽에 부딪혔습니다. 공평도시유적전시관 자리도 마찬가지고요.

_신희권(서울시립대 교수)

이 유적들을 보존하려면 개발행위가 원천적으로 제한되어야 했다. 그 절충안으로 학계와 문화재청은 서울시에 중요한 유적 몇 군데만 남기자고 제안했다. 하지만 서울시의 생각은 달랐다. 오히려 유적 전체를 보존하는 것이 의미 있다고 판단했다. 서울시는 사업시행자에게 도시유적 전체 보존을 요청했다.

시행사는 난감했다. 유적 전체를 보존하는 것은 불가능해 보였다. 결국 서울시에 토지 매입을 요구하고 사업 중단을 선언했다. 물론 서울시에는 토지를 매입할 예산이 없었다. 그래도 서울시는 포기하지 않았다.

우여곡절 끝에 협의한 방법이 '공평동 룰'이었습니다. 사업 시행자는 지하에 있는 발굴 유적을 전부 전시관으로 만들어 기부채납을 하는 조건으로 용적률 인센티브 혜택을 부여받기로 한 거죠. 지상의 2개층(총 4층)의 용적률을 올려주는 것이었죠. 센트로폴리스 건물은 용적률을 200%가량 추가로 제공받고 기존 계획의 22층보다 4개 층을 더 높이 지을 수 있게 된 겁니다.

_신희권(서울시립대 교수)

단, 지하 1개 층 전시관은 서울시가 주인이 되는 조건이었다. 현재 이 전시관은 서울시 산하기관인 서울역사박물관이 운영, 관리하고 있다.

도시유적은 표면을 기준으로 약 3~4미터 깊이까지 6개 층위가 확인되었는데, 특히 IV문화층(16~17세기)은 원형이 잘 남아 있어 당시 건물지의 구조와 변화상을 확인할 수 있다.

조선시대 종로의 자유분방함

전시관에 놓인 한옥 조형물도 눈길을 끈다. 보존된 건물터를 바탕으로 정밀하게 복원해놓았다. 길가에 세워진 한옥마다 그 모양과 구조가 다양해 틀에 박히지 않은 자유분방함이 묻어 있다. 한옥과 초가의 복합 구조가 이색적인 형태의 가옥도 있다. 잠시 경복궁 근처에 자리 잡은 멋스러운 동네 풍경을 상상해본다. 도시의 맥박이 그대로 느껴진다.

한양의 종로는 조선의 대표적인 상업 거리였다. 조선시대 건평방 지역은 지금의 공평동 일대로, 시전(市廛, 조선시대 종로를 중심으로 설치한 상설 시장)의 중심가인 운종가가 있었다. 운종가(雲從街)는 많은 사람이 구름같이 모였다 흩어지는 거리라는 뜻이다. 바로 그 뒤편이 공평동 유적이 발굴된 곳이다. 조선시대의 공평동 유적은 시전의 연장선에 있던 지역이다.

한양의 시전은 1412년(태종 12)부터 1414년 사이, 여러 차례에 걸쳐 총 2천여 칸 규모로 건설됐다. 각종 상인이 무질서하게 상행위를 하는 것을 막기 위해 국가에서 상점을 건축하고 상인들에게 빌려주었다. 이 상점을

'시전 행랑'이라고 한다. 경복궁 남쪽의 혜정교(惠政橋)부터 종묘 앞 누문(樓門) 구간, 종로에서 광교까지의 구간이 시전 행랑으로 사용됐다. 지금의 종로1가에서 3가에 이르는 지역과 남대문로 일대다.

당시 시전의 수는 계속 늘어갔다. 공간이 턱없이 부족해지자, 1472년(성종 3)에는 종묘 앞 일대를 시전 구간으로 추가했다. 지금의 종로4가다. 조선 초에 건설된 시전행랑은 임진왜란을 겪으며 대부분 파괴되었다. 본격적인 복구는 17세기 초 광해군 대에 와서야 이뤄진 것으로 추정된다. 18세기 초에는 시전에서 취급하는 물품에 대한 등록이 이뤄졌다. 이를 계기로 일종의 전매특허권인 금난전권(禁亂廛權)이 권리로 성립되었다.

19세기로 오면서 점포 상업과 개별 상인들의 난전이 성행하면서 시전 이외의 상업도 활발해졌다. 종로는 상업의 중심지였던 만큼 시대의 변천 속에서도 그 역할을 톡톡히 해냈다. 1890년대 조선은 한 치 앞을 내다볼 수 없는 격동기였다. 1899년 종로에 전차도 등장했다. 근대식 건물이 들어서고 상권이 확장되면서 백화점을 운영하는 거대상인도 나타났다. 지금의 종로타워가 있

는 자리에는 우리나라 최초의 민족백화점, '화신백화점'
이 있었다.

조선인이 세운 백화점의 탄생

조선 후기 혜정교 앞에서 탑동 어귀까지가 운종가
였다. 지금의 광화문 교보빌딩 앞에서 탑골 공원까지다.
즐비하게 늘어선 시전 행랑들과 그 앞 가게에서는 '없는
것 빼고는' 모두 살 수 있었다. 당시의 핫플레이스였던
것이다. 종각 맞은편은 비단을 취급하던 선전(縇廛) 자
리였다. 선전은 육의전(六矣廛. 시전 중에서 특히 으뜸가는
여섯 가지 품목을 판매하던 상점들을 통칭)의 우두머리다. 당
시 사람들은 '선전'의 '선'을 '서 있다'는 의미뿐 아니라,
여러 시전 중에서 '우뚝 선'이라는 의미로 '입전(立廛)'
이라고도 불렀다. 그러던 중 1890년대 말, 신태화(申泰
和)라는 상인이 인수하면서 새로운 장이 열리게 된다.

그는 '신행상회'를 차리고 귀금속 제품을 팔았다. 얼
마 뒤 신태화의 '화'와 신행상회의 '신'을 합하여 '화신
상회'로 상호를 바꾸었다. 여기서 등장하는 또 한 사람
이 있다. 선일지물주식회사를 운영하던 박흥식(朴興植)

이다. 그는 1931년 화신상회를 36만 원에 인수한다.

박흥식의 사업 능력은 대단했다. 그는 자본금 100만 원으로 '주식회사 화신'을 창립한다. 당시 화신상회는 낡은 목조로 된 2층 건물이었다. 이를 3층 콘크리트 건물로 증축한 뒤 백화점 사업을 시작한다. 이 시기 화신백화점의 치열한 경쟁상대는 바로 옆 동아백화점이었다. 1932년 7월 동아백화점까지 인수하면서 공격적으로 백화점 사업을 확장해나간다.

화신백화점은 종로에서 조선인 상권의 선두주자로 급부상하고 있었다. 그러던 중 1935년 1월 화신백화점이 불에 휩싸이는 사건이 발생한다. 이 화재로 화신백화점은 새 단장을 하게 되는데, 1937년 11월, 지상 6층의 총건평 3,011평짜리 대형 백화점으로 재탄생한다. 조선 최초의 근대건축가 박길룡이 설계한 서울에서 가장 높은 건물이었다. 내부에는 엘리베이터, 에스컬레이터가 설치되고 옥상에는 전광판까지 세웠다. '조선인이 세운 유일한 백화점', 종로의 랜드마크다운 면모였다.

한옥 한 채 경품으로 내놓은 화신백화점

우리나라 최초의 백화점은 1906년 세워진 일본의 미츠코시백화점이다. 1930년대 경성은 백화점 시대였다. 인구 30만 명의 경성에는 자그마치 5개의 백화점이 있었다. 히라타, 미나카이, 죠지아, 미츠코시 그리고 화신까지.

이름에서도 나타나듯 화신은 일본 백화점들 사이에서 민족 백화점의 이름을 내건 유일한 백화점이었다. 화신백화점이 고객 유치에 주력했던 건 '민족 마케팅'이었다. '민족 유일의 백화점'이라는 수사는 치열한 백화점 간 경쟁에서 살아남을 수 있는 최고의 마케팅이었다. 당시 화신의 경품행사 중 가장 인상적이었던 건, 1932년 동아백화점을 인수하기 직전의 행사다. 바로 옆 동아백화점과의 경쟁에서 이기기 위해 사직동에 소재한 8칸 한옥을 경품으로 내걸었다. 지금의 소형아파트 한 채가 백화점 경품으로 나온 것이다.

그러나 민족 유일의 백화점이었던 화신백화점의 성공 이면에는 일본의 정·재계와 돈독한 이해관계가 깔려있다. '민족'과 '친일'의 모순적 동행만이 생존을 위한 유일한 방법이었을까? 1920년대부터 박흥식은 조선총독부와 긴밀한 관계를 유지했다. 1926년 상경해 선일지물주식회사를 차리고 신문용지의 거래처를 확보할 때부터 조선총독부 관료와 은밀한 거래가 이뤄졌다.

　1930년대에 들어 화신백화점과 화신연쇄점의 설립 및 운영자금이 필요했을 때도 국책은행이던 조선은행과 조선식산은행으로부터 손쉽게 대출을 받을 수 있었다. 사업이 어려움에 부딪힐 때마다 조선총독이나 총독부 관리와의 비밀회동을 통해 문제를 해결해나갔다. 박흥식은 1944년에 전투기 생산기업인 조선비행기공업주식회사를 설립하고, 1945년 해방 직전에는 자신이 운영 중이던 광신상업학교를 조선비행기공업학교로 바꾸어 전투기 생산 인력을 양성할 정도로 군수 산업 분야에서도 적극적인 친일 활동을 했다.

친일파 박흥식이 풀려난 이유

　해방 후, 1948년 8월 15일 대한민국 정부가 수립되고, 1949년 1월 5일에 반민족행위처벌법이 시행되었다.

박흥식은 제1호 구속 수감 대상자였다. 그가 제일 먼저 체포된 이유가 있었다. 미국 도피 준비 중이라는 소문과 함께 미군정 수도경찰청장을 지낸 장택상(張澤相)의 형 장직상을 만나거나 현직경찰 최란수에게 수사금을 지원해 반민특위의 활동을 방해하려 한다는 제보가 포착됐기 때문이다. 하지만 당시 반민특위조사를 받았던 사람 중 제대로 된 처벌을 받은 사람은 없었다. 당시 박흥식을 담당했던 재판부의 판결문이다.

그 어려웠던 일제하에서 이 겨레의 상권을 수호했고 민족자본 육성의 기수로서 한민족의 긍지와 명예를 떨쳤다. 그러므로 친일파로서의 기소사실은 편파적이었다 .

박흥식은 구속 3개월 만인 1949년 4월 병보석으로 풀려났고, 그해 9월 26일 공판에서 무죄를 선고받았다. 하지만 무한회생을 반복하던 박흥식에게도 끝은 존재했다. 무리한 사업 확장으로 1980년 10월, 323억의 부도를 내고 도산한다. 결국 화신백화점도 매각되면서 1987년 3월 14일 철거와 함께 50년의 역사를 마감한다.

　　전시관을 나와 다시 종로타워로 향한다. 1999년 지금의 종로타워가 들어오면서 건물은 바뀌었지만, 그 장소가 지닌 역사적 상징성을 되새겨본다. 오래된 건물만이 아니라 장소가 간직한 기억들도 세심하게 보존하는 것이 역사를 기억하는 것이 우리의 방법일 테니까.

📍 공평도시유적전시관

⊙ **공평도시유적전시관**
서울 종로구 우정국로 26 센트로폴리스빌딩 지하1층

민족 문화재의 수호자
간송 전형필

간송옛집

간송 전형필의 자취 있는 곳

쌍문역에서 도봉07번 마을버스를 타고 방학동천주교성당 정류장에서 내린다. 대각선으로 보이는 돌담길을 따라 걷다보면 간송 전형필(澗松 全鎣弼, 1906~1962) 선생의 옛집이 나온다. '간송' 하면 떠오르는 장소가 성북동 간송미술관이다. 하지만 그의 옛집과 묘역이 있는 이곳을 먼저 들른 후, 미술관에 간다면 간송 전형필의 삶과 이야기를 더욱더 온전히 마주할 수 있다.

간송 옛집은 19세기 말 전형필의 양부 전명기(全命基, 1870~1919)가 곡식 등의 소출을 관리하기 위해 지었다. 그가 사망한 후부터는 한옥 부근에 묘소를 꾸미고 제사나 차례를 지내는 용도로 사용됐다. 1950년 한국전쟁 당시 일부가 훼손되어 역사의 아픔도 함께 겪었다. 당시 훼손된 대문과 담장은 1962년 전형필이 세상을 떠나고 종로4가에 있던 본가가 철거되면서 남은 자재를 활용해 수리를 진행할 수 있었다.

2013년 간송미술문화재단과 도봉구가 힘을 합쳐 퇴락한 본채와 부속 건물, 주변 담장을 보수하면서 현재의 모습을 갖추었다. 본채 규모는 정면 4칸, 측면 3칸의

ㄱ자형 구조다. 전형필의 자취가 남아 있는 역사적 보존
가치와 함께 100여 년 된 전통 한옥의 건축학적 가치도
높은 공간이다. 2015년에 새롭게 개관하면서 지금은 시
민들에게 열린 공간이 되었다.

집 뒤편 언덕에는 두 개의 묘소가 나란히 자리 잡고
있다. 묘소를 바라보고 왼쪽은 간송 전형필과 그의 부인
김점순(1905~1987)의 합장묘이고, 오른쪽은 간송의 양
부 전명기(1870~1919)의 묘이다.

입구에 들어서자마자 가장 먼저 시선이 닿는 곳은
본채 누마루에 걸린 현판이다. 옥정연재(玉井研齋), '우
물에서 퍼 올린 구슬 같은 맑은 물로 먹을 갈아서 글씨
를 쓰는 집'이라는 뜻이다. 1922년 종로4가 본가에 그
의 아버지 전영기가 간송의 서재를 만들어주자 외숙부
박대혁이 지어준 이름이다. 훗날 평생의 스승 위창 오세
창이 지어준 간송과 함께 아호(雅號)로 사용하기도 했다.
간송옛집 누마루에 편액(扁額. 종이, 비단, 널빤지 따위에 그
림을 그리거나 글씨를 써서 방 안이나 문 위에 걸어놓는 액자)으
로 건 글씨는 1935년에 위창이 써준 것으로 원본은 간
송미술관에 소장되어 있다.

불쏘시개가 될 뻔한 정선 그림

일제 강점기, 간송 전형필은 경성에서 이름난 부자였다. 그는 부를 개인의 영달에 쓰지 않았다. 나라의 주권을 빼앗긴 척박한 삶 속에서 일본인 권력자와 결탁하거나, 일부 골동품 상인들처럼 자신의 부와 안목을 자랑하는 식의 오만을 삼갔다. 그에게는 '민족의 혼을 지킨다'는 뚜렷한 목적의식이 있었다. 그 마음가짐 탓에 우리 문화유산을 지키는 데 평생을 헌신했다. 나라의 들을 빼앗겼던 시절, 그는 나라의 문화재만은 빼앗길 수 없었다. 막대한 사재를 털어 팔려나가는 우리 문화유산을 지켜냈다. 사람들이 그를 '우리 민족 문화재의 수호자'라고 부르는 이유다.

서울 종로구 인사동길 초입에는 한남서림(翰南書林)이라는 고서점이 있었다. 1910년을 전후해 서적상 백두용이 개업한 근대 고서점 중 하나였다. 다른 서점들이 교재와 소설 등 신구서적을 모두 취급했던 것과 달리 한남서림은 고서만을 다뤘다. 국외로 유출될 위기에 놓인 문화재를 수집하기에 최적의 장소였다. 지금은 '한남서림 터'를 알려주는 표석만 남아 있다.

당시 이곳을 눈여겨본 사람이 있었다. 바로 간송이었
다. 1930년대 들어 경영이 어려워지자 간송은 한남서림
의 재정을 적극 지원한다. 그러다 1932년 주인 백두용이
사망하자 아예 서점을 인수한다. 그의 나이 스물일곱이
었다. 이후 30년간 간송이 고서화를 수집하는 본거지 역
할을 하다 1962년 그의 죽음과 함께 철거되었다.

한남서림에서 수집한 대표적인 작품이 보물 제1949
호인 〈정선 필 해악전신첩(鄭敾 筆 海嶽傳神帖)〉이다. 조
선 후기, 화가 겸재 정선(謙齋 鄭敾)이 1747년에 그린 금
강산 일대의 진경산수화 시화첩이다. 그가 72세에 그린
것으로 21점의 그림과 함께 스승 김창흡과 벗 이병연의
제화시 등 50폭이 같이 장첩되어 있는 작품집이다.

〈해악전신첩〉이 간송의 손에 들어오기까지의 이야
기가 흥미진진하다. 일제강점기였던 1930년대 초, 장형
수라는 골동품 상인이 여행 중 한 집에 머무르게 된다.
친일파 송병준의 집이었다. 밤사이 변소에 가려고 방을
나선 장형수는 아궁이 앞에 쪼그리고 앉아 있는 머슴과
마주친다. 불을 지피려고 무언가를 막 넣으려던 찰나였
다. 서화집이었다. 장형수는 급히 머슴에게 말을 건넸다.

"잠깐만! 뭔지는 모르겠지만 불쏘시개로 쓰기엔 너무 아까워 보이는구려! 그냥 내게 주면 안 되겠소?"

머슴은 성가시다는 듯 주인님한테 물어보라고 했다.

장형수는 날이 밝자마자 송병준의 손자 송재구를 만났다. 상황을 설명하고 허락을 구하자, 그는 기꺼이 서화집을 내주었다. 장형수는 서화집을 들고 곧장 서울에 있는 한남서림으로 향했다. 그곳이라면 뭔가 좋은 값을 받을 수 있을 것 같았다. 서화집을 펼쳐본 간송은 깜짝 놀랐다. 그의 손에 쥐어진 건 바로 겸재 정선의 서화집이었다. 하마터면 불쏘시개 신세가 될 뻔한 정선의 그림이 구사일생으로 살아난 것이다.

《현대일보(現代日報)》 1947년 2월 4일자에는 〈고서적 고당판 고서화 매입〉이라고 쓰인 한남서림의 광고가 남아 있다. 당시 간송의 문화재 수집에 대한 열정이 얼마나 진심이었는지를 알 수 있는 대목이다.

간송이 살린 훈민정음 해례본

〈훈민정음 해례본(訓民正音解例本. 국보 제70호, 유네스

코 세계기록유산)〉이 발견된 이야기는 더 극적이다. 1943
년 간송은 여느 날처럼 저녁을 먹고 서점으로 가는 길
이었다. 그런데 평소 잘 알고 지내던 골동품 상인이 무
언가에 홀린 듯 발걸음을 재촉하고 있었다. 뭔가 심상치
않았다. 간송은 다급하게 상인을 불러 세웠다.

"이보게, 무슨 일이 있길래 그리 바삐 움직이는가?"

상인이 대답했다.

"경상도 안동에서 큰 물건이 나왔답니다. 물건 주인
이 천 원을 불러서 돈을 구하러 가는 길입니다."

"어떤 물건이길래 그러나?"

"한글의 원리가 담긴 책이라고 합니다."

맞다. 바로 〈훈민정음 해례본〉이었다. 한글 창제의
목적과 원리, 우수성 등 한글의 과학적인 원리가 기록되
어 있었다. 간송은 훈민정음의 가치를 누구보다도 잘 알
고 있는 그였다.

"이보게, 내가 그 열 배인 만 원과 자네 중개료 천 원
을 얹어줄 테니 그 물건을 내게 넘기게."

당시 천 원으로 경성에서 작은 한옥 집 한 채를 살
수 있었다. 요즘 시대라면 플렉스(flex)를 외쳤을 상황이

다. 〈훈민정음 해례본〉은 세종대왕이 한글을 창제할 때 찍어낸 훈민정음 원본이다. 일제 강점기에 일본은 문화 말살정책의 하나로 우리말을 철저하게 금지시켰다. '한 글은 창살이나 문살의 무늬로 만들어진 비과학적인 문 자'라는 거짓말로 민족문화를 말살시키려 했다.

당시 조선어학회는 《우리말 사전》 편찬을 시도했 다. 이를 눈치 챈 일본은 한글학자들을 체포해 모진 고 문을 자행하기도 했다. 간송은 자신이 수집한 여러 문화 유산 중에 훈민정음을 가장 귀하게 여겼다. 한국전쟁 당 시 어쩔 수 없이 문화유산을 그대로 두고 피란을 가야 했는데, 〈훈민정음 해례본〉만은 오동나무 상자에 고이 넣어 챙겨갔을 정도였다. 피란길에서도 혹시라도 잃어 버릴까 봐 노심초사하며 가슴에 꼭 품고 다녔다. 잠 잘 때도 베개 속에 넣고 잤을 정도였다.

우리가 박물관에서 전시된 문화재를 관람하는 문화 는 유럽의 침략문화에서 시작됐다. 침략자들은 식민지 에서 발견한 희귀한 것들을 가져간 후, 한 장소에 모아 자국민들이 관람할 수 있게 만든 것이 하나의 문화로 자 리 잡은 것이다. 우리나라의 경우, 2011년 프랑스로부터

반환된 '외규장각 의궤(1782)'가 대표적이다. 병인양요
(1866) 당시 강화도에 침략한 프랑스군이 약탈해간 후
프랑스 국립도서관에 방치되어 있다가, 145년이 지나서
야 대한민국 국립중앙박물관으로 반환받을 수 있었다.

역사적으로 외세의 침략이 잦았던 우리나라에 문화
재를 수집하는 문화가 정착된 건 그리 오래되지 않았다.
조선시대 이전만 해도 예술품을 모으고, 보면서 즐기는
문화는 매우 생소했다. 그러다 조선 후기, 일본의 조선
침략이 본격화되면서 조선 문화재의 약탈도 시작됐다.
조선의 시서화와 같은 미술품부터 백자와 청자 같은 도
자기까지 셀 수 없는 문화재가 해외로 반출되면서 수집
가가 등장하게 되고 수집 문화도 함께 발달하게 된 것
이다.

수집가의 요건은 크게 두 가지다. 기본적인 재산과
문화예술품의 가치를 알아볼 수 있는 안목, 즉 심미안이
다. 간송 전형필은 수집가의 조건을 모두 갖춘 최적의
인물이었다. 그는 광복 이후에 수집활동을 거의 하지 않
았다고 한다.

"독립이 됐으니, 저는 좀 게을러도 됩니다. 이제는

누가 사도 우리 것 아닙니까?"

자신의 부를 기꺼이 활용해 역사적 사명을 다한 사람, 간송 전형필의 삶이 더 빛날 수밖에 없는 이유다.

📍 간송옛집

간송옛집

방학동천주교성당

2.5km
도봉07 마을버스
15분

신동아아파트

신덕
고등학교

정의여자고등학교

우이천

❸ 4호선 쌍문역
3번 출구

도봉07번 (마을버스) 15분→방학동천주교성당 앞 하차
⭕ **간송옛집** 서울 도봉구 시루봉로 149-18
⭕ **한남서림 터** 서울 종로 인사동길34 (관훈동 18번지)

31세 청년의 영원한 쾌락은 '독립'

이봉창의사 역사울림관

골프장이 된 효창공원

효창공원역 1번 출구로 나와 효창운동장 방향으로 15분을 걷다 보면 창열문(彰烈門)이 있는 효창공원 입구에 다다른다. 문을 등지고 돌아서면 한국 최초의 국제 규격 경기장인 '효창운동장'이 보인다. 1959년 이승만 대통령은 아시아 축구선수권대회 유치를 위해 급하게 축구경기장을 만들어야 했다. 효창공원에는 백범 김구의 묘소가 있었다. 서울에서 어떻게든 백범의 흔적을 없애고 싶었던 걸까. 이승만 대통령은 백범의 묘소를 이장하고 공원 자리에 운동장을 건립할 계획을 세웠다.

하지만 국민들을 속일 수는 없었다. 결국 여론의 거센 반대로 공원 건너편에 있던 연못을 메워 지금의 효창운동장을 만들었다. 우여곡절 끝에 개최한 1960년 제2회 아시아 축구선수권대회는 성공적이었다. 한국과 베트남 경기에 무려 3만여 명의 관중이 모여들었다. 운동장 수용 인원이 1만 8천 명이었던 것을 감안하면 당시 분위기가 얼마나 뜨거웠는지 짐작할 수 있다.

시선을 거두고 효창공원으로 들어선다. 면적 12만 3,307제곱미터로 1989년 6월 8일 사적 제330호로 지정

되었다. 원래 이곳은 조선22대 왕 정조의 맏아들 문효세자(文孝世子)와 의빈 성씨의 무덤이 있어 '효창원(孝昌園)'이라 불렸다. 조선 왕조의 혼이 담긴 탓에 일본의 만행으로 수차례 상흔을 입었다. 1921년 6월에는 효창원에 9홀로 조성된 우리나라 최초의 골프장까지 등장한다. 당시 조선총독부의 철도국 산하인 조선호텔은 고객들이 즐길 골프 시설이 필요했다. 경성과 밀접하게 연결되어 있으면서도 철도국이 있는 용산역과도 가까운 장소여야 했다. 호텔 관계자였던 일본인은 효창원 자리가 적격이라 생각해 골프장 개발을 밀어붙였다.

일제의 압박이 거세지자, 당시 왕실재산을 관리하던 일본 궁내성 관할기구인 이왕직(李王職. 1910년 경술국치와 함께 대한제국은 이씨 왕조의 가문이라는 뜻의 '이왕가'로 격하하여 불렀다)에서 왕릉 터를 골프장 부지로 임대할 수 있도록 허가한다. 골프 코스는 문효세자의 묘를 둘러싸는 형태로 조성되었다. 하지만 지대가 산악지형으로 불규칙한 데다 워낙 거주시설과 밀접해 있어 주변 행인들이 공에 맞는 일이 많아 다툼이 자주 일어났다. 결국 골프장은 개장 3년 만인 1924년 12월에 폐장된다. 조선총

독부는 1940년이 되어서야 효창원을 공원으로 고시했
다. 1944년에는 침략전쟁에서 전사한 일본 군인들을 위
해 충령탑을 건립한다며 왕릉을 고양시 서삼릉으로 강
제 이전시키기는 만행까지 저질렀다. 조선은 이미 사라
진 왕조임을 상징적으로 보여주고 싶었던 일본의 속내
가 드러낸 사건이다.

'임시정부묘역'이라 불리는 이유

해방 이후, 백범 김구 선생의 노력으로 효창공원은
독립운동의 상징적인 공간이 된다. 1946년, 김구 선생
은 일본에 있던 윤봉길, 이봉창, 백정기 의사 3인의 유
골을 국내로 봉환했다. 국민장을 거행하고 유골을 효
창공원에 모셨다. 바로 '삼의사(三義士)묘'다. 3년 뒤인
1949년, 김구 선생이 당시 육군 소위 안두희의 총에 맞
고 쓰러지는 사건이 발생한다. 결국 숨을 거둔 그는 효
창공원의 북쪽 가장 높은 동산에 안장되었다.

삼의사 묘역이 있는 동산으로 발길을 옮긴다. 돌계
단을 걷다보니 마치 제단에 오르는 듯 마음이 경건해진

다. 꼭대기에 도착하면 넓은 잔디밭에 네 개의 묘역이
있다.

'삼의사 묘, 이름은 삼의사 묘인데, 왜 묘가 세 개가
아니라 네 개일까?'

백정기(白貞基, 1896~1934), 윤봉길(尹奉吉, 1908~
1932), 이봉창(李奉昌, 1901~1932) 그리고 안중근(安重根,
1879~1910)…. 안중근 의사의 묘역도 이곳에 있었다니.
하지만 안타깝게도 가묘(家廟), 즉 가짜 묘다. 안중근 의
사는 1909년 10월 26일 중국 하얼빈역에서 아시아 침
략에 앞장선 일본 정치가 이토 히로부미를 저격, 사살했
다. 그는 1910년 3월 26일 중국 만주의 뤼순감옥 사형
장에서 숨을 거둔 후 근처에 매장됐지만, 아직도 그 유
해는 찾지 못하고 있다.

그는 '해방이 되면 자신의 유해를 고국에 묻어 달라'
는 유언을 남겼다고 한다. 김구 선생은 그의 유언을 가
묘로나마 따르고 싶었을 것이다. 꼭 그 유해를 찾아 이
곳에 안장하겠다는 우리 민족의 의지가 담긴 공간이다.

효창공원은 '임시정부묘역'이라고도 불린다. 이곳에
조성된 또 다른 묘역인 의열사(義烈祠) 때문이다. 의열

사는 독립운동가 7인의 영정을 모신 사당이다. 김구, 이동녕, 차리석, 조성환 선생과 이봉창, 윤봉길, 백정기 의사의 영정과 위패를 모셨다.

독립운동가들의 초상화를 바라본다. 그중 치아를 드러내고 환하게 웃고 있는 이봉창 의사의 얼굴이 눈에 들어온다. 그 웃음 뒤에 숨겨진 독립에 대한 결의는 어느 정도였을까?

- 윤봉길 : 상해 홍커우(루쉰)공원에서 시라카와 대장에게 폭탄 투척 의거
- 이봉창 : 일본 동경에서 일왕에게 폭탄 투척 의거
- 백정기 : 조선무정부주의자연맹 결성, 상해 육삼정 의거
- 안중근 : 만주 하얼빈에서 이토 히로부미를 사살 의거
- 이동녕 : 대한민국임시정부 초대 임시의정원 의장 외 2회, 초대 주석 외 3회
- 김 구 : 대한민국임시정부 주석
- 조성환 : 대한민국임시 정부국무위원, 군무부장
- 차리석 : 대한민국임시 정부국무위원, 비서장

용산 토박이 독립운동가, 이봉창

효창공원에서 나와 효창공원역 1번 출구 방향으로 다시 향한다. 의열사에 걸린 초상화 중 가장 인상 깊었던 한 명을 만나기 위해서다. 김구, 윤봉길, 안중근에 비해 우리에게 잘 알려지지 않은 '독립운동가 이봉창'의 이야기를 모아놓은 곳이다. 역 근처 주택가 쪽 골목길을 따라 올라가다보면 한옥식 담장으로 둘러싸인 목조 건물이 보인다.

2020년 개관한 '이봉창의사 역사울림관'이다. 울림관이 들어와 있는 아파트 단지 터에는 원래 그가 살던 집이 있었다. 그는 1901년 8월 10일에 경성부 용산방 원정2정목(지금의 서울 용산구 원효로2가)에서 태어났다. 얼마 지나지 않아 이사한 곳도 금정 118번지(지금의 용산구 효창동)이다.

울림관은 지상1층의 아담한 전시관이다. 입구에 들어서자마자 이봉창 의사의 흉상을 만날 수 있다. 김영원 조각가의 작품이다. 개관 당시 김호연 빙그레 회장이 용산구에 기증하면서 세워졌다. 이 작은 공간에 이봉창 의사의 활동 모습이 담긴 사진과 지도, 자료 등이 정갈

하게 정리되어 있다. 그가 직접 쓴 '한인애국단 가입 선서문'과 '의거자금 요청 편지', 사료와 유품 복제본도 확인할 수 있다. '거사를 준비하며' '다시 타오르는 불꽃이 되어' 그의 뜨거웠던 독립운동의 삶이 몇 개의 문장으로 나열되어 있다.

사실 청년 이봉창은 20대 시절 '독립'이란 단어와는 상반된 삶을 살았다. 방탕한 삶이었다. 도박과 주색(酒色), 심지어 일본인이 되고 싶어 안달 난 조선인처럼 행동했다. 오죽했으면 별명이 '일본 영감'이었을까. 술만 취하면 일본 노래를 그렇게나 유창하게 불렀다고 한다.

그랬던 그가 독립운동가의 길로 들어선 결정적인 사건이 있었다. 고작 열세 살 때였다. 가정 형편이 크게 기울면서, 어린 나이였지만 생활전선에 뛰어들어야 했다. 그는 일본인이 경영하는 과자점, 약국 등에서 일하며 일본어를 배웠다. 열아홉 살에는 용산역 역부로 일하며 온갖 차별을 겪었다. 그때였다. 단지 조선인이란 이유로 감당해야 했던 삶은 처참했다. 그는 더 이상 조선에서는 사람답게 살 수 없다고 생각했다.

스물네 살이 되던 1925년, 그는 일본으로 건너간다.

기노시타 쇼조(木下昌藏)라는 이름도 지어 일본인보다 더 일본인처럼 살기 위해 노력했다.

1928년 11월 10일, 일본 천황 히로히토의 즉위식이 있던 날, 이봉창은 즉위식을 구경하고 싶은 순수한 마음으로 행사장으로 향했다. 큰 행사인 만큼 검문도 철저했다. 그저 평범한 관람객으로 인파 속에 서 있던 이봉창에게 일본 경찰들이 다가왔다. 불시검문이었다. 그의 몸을 수색하는 과정에서 한글과 한문으로 쓰인 편지 한 통이 발견됐다. 그는 바로 경찰서로 끌려갔다. 유치장에 갇혀 무려 9일을 보내야 했다. 그때부터였다. 이봉창의 마음에서 반일(反日), 항일(抗日)의 감정이 타오르기 시작했다. 차별이 없는 삶을 꿈꾸며 일본으로 왔지만, 조선 사람으로 태어난 이상 그 벽은 절대 허물 수 없다는 것을 깨달은 것이다. 식민지 민족의 한계였다.

실패한 거사

그는 차라리 조선인으로 떳떳한 삶을 살겠다고 다짐한다. 친구에게서 중국 상하이에 가면 조선인을 우대하는 대한민국임시정부가 있다는 이야기를 듣고 1930년 말, 상하이로 향한다. 일본어만큼 중국어는 능통하지 못했기에 임시정부의 거처를 수소문하는 데 애를 먹는다. 이듬해 5월이 돼서야 임시정부를 찾을 수 있었다. 그렇게 김구 선생을 만나게 된다.

"폭탄을 구해주면 일본에 가서 일왕을 살해하겠습니다."

청년의 짧은 포부는 확고했다. 깊은 고민을 끝낸 김구 선생은 대답했다.

"폭탄을 구해주겠네."

이봉창의 유창한 일본어 실력은 독립운동의 거사를 치르기에 좋은 조건이었다. 모든 게 운명이었을까. 마치 독립운동을 위해 긴 준비 여정을 거친 사람 같았다. 김구 선생은 그의 밝은 표정에 숨겨진 견고한 의지를 읽었다. 질풍노도로 휘몰아쳤던 한 조선 청년의 삶, 그 종착지는 독립운동가였다.

제 나이 31살입니다. 인생에서 쾌락이 있다면 저는 쾌락이라는 맛을 봤습니다. 영원한 쾌락을 위하여 독립운동에 몸을 바칠 생각으로 상하이에 왔습니다.

_ '이봉창의 말', 《백범일지》 중에서

　서른한 살의 조선 청년, 이봉창이 생각한 영원한 쾌락은 국가의 독립이었다. 사실 독립이란 단어와 쾌락은 도통 어울리지 않는다. 하지만 이봉창의 삶을 알고 난 지금, 그의 말에 고개를 끄덕이게 된다.

　1931년 12월 31일, 청년 이봉창은 '한인애국단' 제1호 단원이 된다. 태극기를 배경으로 서서 가슴에는 선서문을 걸고, 양손에는 수류탄을 든 채 의연한 표정으로 기념사진을 찍었다.

　나는 적성으로써 조국의 독립과 자유를 회복하기 위하여 한인애국단의 일원이 되어 적국의 수괴를 도륙하기로 맹서하나이다.

_한인애국단 앞 선서인 이봉창(대한민국 13년 12월 13일)

　1932년 1월 8일 오전, 이봉창은 김구 선생이 건네준 수류탄 두 개를 들고 도쿄경시청 앞에 서 있다. 오전 11시 44분경, 요요기 연병장에서 관병식을 마치고 돌아오는 히로히토 일왕이 탄 마차를 발견한다. 이봉창은 한 치의 망설임 없이 일왕을 향해 폭탄을 던진다.

"쾅!"

하지만 거사는 실패였다. 폭탄은 일왕이 탄 마차에 도달하지 못하고 뒤쪽에서 터져버렸다. 현장은 아수라장으로 변했다. 그 순간, 이봉창의 눈에 들어온 건 엄한 사람을 연행하려는 일본 경찰들의 모습이었다.

"범인은 바로 나다!"

이봉창은 일본 경찰들을 향해 외쳤다. 그는 절대 도망갈 마음이 없는 사람처럼 행동했다. 당시 구속 후 재판장에서 연행되는 이봉창의 사진이 전시관에 남아 있다. 그는 건치를 드러내며 환하게 웃고 있다. 1932년 9월 30일, 그는 일본 대심원에서 '대역죄'로 사형선고를 받는다. 그리고 같은 해 10월 10일, 불과 판결 열흘 만에 사형이 집행되면서 이치가야 형무소에서 짧은 생을 마감한다. 그의 나이 겨우 서른한 살이었다.

아시아 정세 뒤바꾼 이봉창

거사는 실패했지만, 파장은 컸다. 이봉창 의사의 일화는 당시 일본의 침략을 받고 있던 중국의 독립운동 확산에 큰 영향을 끼친다. 중국 또한 일제 침탈에 곪을 대로 곪아 있던 시기였다. 많은 중국인이 독립운동에 용기를 내기 시작했다. 1932년과 1937년, 두 차례에 걸쳐 상하이에서 발생한 중국과 일본의 무력충돌 사건이었던 상하이사변의 계기가 된 것이다. 아시아의 정세를 뒤바꾼 역사적 사건이다. 한편 윤봉길 의거의 발단이 된 것도 이봉창의 거사였다. 당시 윤봉길 의거가 큰 성과를 얻으면서 중국 정부가 임시정부를 전격 지원하는 계기가 되기도 했다. 역사는 여러 사건들이 유기적으로 얽혀 계승된다. 독립운동가의 이름 앞에 순위가 매겨질 수 없는 이유다.

울림관 툇마루 앞에는 나무 벤치 하나가 놓여 있다. 독립운동에 대한 이야기를 나누는 김구 선생과 이봉창 의사의 모습이 그림자 조형물로 함께 구현돼 있다. 의자에 앉아 독.립.운.동. 네 글자를 되짚어본다. 성공과 실패를 구분할 수 없는 일, 한순간의 기회를 살리기 위해 긴

세월을 버티고 견뎌야 하는 일, 여러 사람의 희생이 켜

켜이 쌓여 완성되는 일, 이게 바로 역사다.

♀ 이봉창 역사울림관

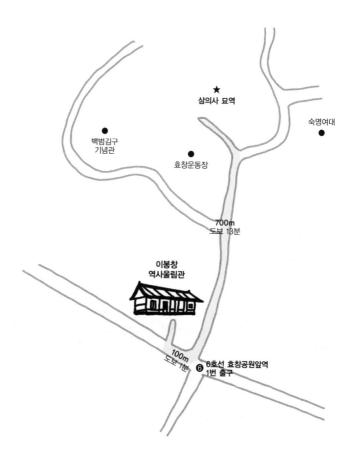

★
삼의사 묘역

숙명여대

● 백범김구
기념관

● 효창운동장

700m
도보 13분

**이봉창
역사울림관**

100m
도보 1분

**⑥ 6호선 효창공원앞역
1번 출구**

○ 효창공원 서울 용산구 효창동
○ 이봉창 역사울림관 서울 용산구 백범로 281-9

북촌에서 시작된 여성들의 외침

북촌한옥마을

우리나라 최초의 여성인권 선언서 〈여권통문〉

계동길은 이름에서 풍기는 고즈넉함 덕에 북촌 도보 여행의 발걸음을 더 설레게 한다. 계동은 북촌의 전통한옥과 빨간 양옥, 현대식 빌딩까지, 600년 도시의 역사가 조화롭게 얽혀 있는 마을이다. 계동은 본래 1397년(태조 6)에 세워진 의료시설 제생원(濟生院)에서 유래된 '제생동'이란 명칭에서 시작됐다. 시간이 흘러 '계생동'으로 바뀌었다가 일제강점기인 1914년 토지조사사업 당시 '생'자를 빼고 지금의 이름 계동(桂洞)으로 불리게 됐다.

1970~1980년대 도시 이주민의 급증으로 붉은 벽돌의 다세대 주택이 채워지면서 한옥의 모습이 거의 사라질 위기에 처했다가, 1983년 북촌 보존계획이 시행되면서 한옥의 일부가 지켜질 수 있었다.

북촌은 조선시대부터 양반가들의 터전이었다. 그래서 유교사상이 어느 지역보다 강했다. 여성들에게 요구되는 풍속도 더 깊숙이 자리 잡고 있었다. 그래서였을까? 1898년 9월 1일, 북촌에서 시작된 여성들의 외침은 더 큰 상징이 되어 우리나라 여성 인권 운동 역사에 중요한 역할을 했다.

이제는 옛 풍속을 모두 폐지하고 개명 진보하여

우리나라도 다른 나라와 같이 여학교를 설립하고,

각기 여자아이들을 보내어 각종 재주를 배워

이후에 여성 군자들이 되게 할 목적으로

지금 여학교를 창설하오니,

뜻을 가진 우리 동포 형제, 여러 여성 영웅호걸님들은

각기 분발하는 마음으로 귀한 여자아이들을

우리 여학교에 들여보내시려 하시거든,

바로 이름을 적어 내시기 바라나이다.

_〈여권통문〉(1898.9.1.)

1898년 9월 1일, 북촌의 양반가 규수를 중심으로 한 기생, 첩 등 400여 명의 여성들이 모여 우리나라 최초의 여성 인권 선언서를 발표했다. 여학교 설시 통문(女學校設始通文. 여학교 설립을 요청한 통문)이라 일컫는 〈여권통문(女權通文)〉이다. 〈여권통문〉에는 여성의 참정권, 교육권, 직업에 대한 자유권이 담겼다. 당시 결혼한 여성을 가리켜 '소사(召史)'라고 했는데, 이를 활용해 '이소사' '김소사' 등의 명의로 여성 인권 선언서가 발표된 것이

다. 구한말 정세 속에서 북촌 양반가 여성들의 인권선언
은 놀라운 뉴스였다. 당시 신문, 잡지들은 〈여권통문〉의
전문을 소개하고 지속적으로 여성의 이야기를 실었다.

> 북촌 여성군자 수삼분이 개명상에 유지하여
>
> 녀학교 설시하라는 통문이 있었기에
>
> 하도 놀라고 신기하여
>
> 우리 논설을 빼고 그 자리에 게재하노라.
>
> _《황성신문》(1898.9.8.)

사실 〈여권통문〉 발표 이전에 여학교가 없었던 것은
아니다. 1886년 설립된 여성 교육기관 이화학당이 존재
했다. 그럼에도 불구하고 왜 여학교 설립을 위해 통문을
발표하고 상소문을 올렸을까? 이유는 하나다. 바로 '국
가가 공인하는 여학교'를 만들기 위해서였다. 이화학당
은 사립이었다. 국가가 공인하는 여학교가 생긴다는 것
은 '국가가 여성의 사회 진출을 인정한다'는 사회적 합
의와 상징성을 기대할 수 있었다.

우리나라 최초의 여성단체 '찬양회'

〈여권통문〉 발표와 함께 우리나라 최초의 여성단체
인 '찬양회(贊襄會)'도 조직되었다. 북촌 고관대작의 부
인들뿐만이 아니라 기생과 첩 등 계층을 넘어 뜻을 모아
만들어졌다. 철저한 신분사회였던 당시의 사회상을 고
려할 때, 서로의 신분을 알고도 함께 뜻을 모았다는 데
의미가 크다.

찬양회는 1898년 10월 13일, 고종에게 연명상소(連
名上疏)도 올린다. 100여 명이 덕수궁 대궐문 앞에 나아
가 관립여학교 설립청원 상소문을 고종에게 직접 전달
한다. 고종도 이에 조치를 내리겠다고 긍정적으로 화답
한다. 임금에게 올리는 상소문이란 것은 정치적인 측면
으로 봤을 때 큰 의미를 갖는다. 여성들이 목소리를 모
아 운동을 하는 데서 그치지 않고 한발 더 나아가 남성
관료들을 설득하기 위한 행동을 실천으로 옮긴 진취적
행보였다. 〈여권통문〉의 발표가 시민사회 운동에 가까
웠다면, 〈상소문〉은 제도 개혁에 대한 의지를 담아낸 여
성들의 정치적 참여였다. 여성의 인권 문제가 사적인 영
역에서 공적 영역으로 진입할 수 있는 계기를 만든 것

이다. 이런 생각은 당시 독립협회와 같이 새로운 문물을 받아들여 조선을 개혁하고자 했던 남성들의 생각과도 일치했다. 《독립신문》은 찬양회 활동을 지지하고 독려했던 대표적인 매체였다.

> 독립신문은 개화의 기초가 오직 교육에 있음과
> 여성교육 의 중요성을 강조하였다.
>
> _박용옥, 〈1896~1910 부녀단체의 연구〉

> 여성도 새로운 교육을 받아 여성의 권리를 찾고,
> 어리석고 무지한 사나이들을 제어할 수 있도록
> 교육이 이루어져야 한다.
>
> _ 《독립신문》(1898.9.9.)

> 북촌의 어떤 부인네들이 부인회와 여학교를 설립하려 하고
> 남자 중에도 일이 잘 되도록
> 여러 방법으로 힘쓴 이가 있다 하니
>
> _ 《제국신문》(1898.9.6.)

국가 공인 여학교 설립의 실패

결국 찬양회 부인들이 중심이 되어 1899년 2월 한국 여성에 의해 설립된 최초의 여학교 '순성학교(順成學校)'가 세워지지만, 본질적으로는 실패였다. 국가공인을 받지 못했기 때문이다. 상소문을 통해 국가 예산 편성을 받았지만 실질적으로 집행이 이뤄지지 않아 무산되고 만 것이다. 여성교육에 대한 무관심을 일깨우고 여학교 설립의 필요성을 사회 전반에 인식시키는 데 큰 기여를 했지만, 사안을 공적인 영역으로 끈질기게 확장시키기에는 역부족이었다.

모든 사회운동이 그렇듯, 누가 운동의 자격을 갖느냐는 늘 중요한 문제이다. 당시도 마찬가지였다. 한 양반집 본처가 "기생이나 첩들은 교육을 받을 자격이 없다"고 주장하는 글을 신문에 기고하는 일이 발생한다. 그리고 며칠 후, 어떤 첩이 그에 답하듯 보란듯이 신문에 글 하나를 기고한다. "첩을 만드는 것은 결국 사회구조적인 문제"라는 내용이었다. 따라서 첩들도 교육을 통해 이 문제를 함께 풀어나가야 한다고 주장했다. 이 사건 이후 몇몇 기생들도 모임을 만들어 활동을 이어가

기도 했다.

〈여권통문〉의 발표는 여성 인권을 찾기 위해 공적인 장으로 나아가려 했던 여성들의 용기 있는 첫걸음이었다. 공적인 장에서 내가 겪고 있는 어려움을 타인과 연결하는 일이란, 그 시대 우리 여성들에겐 너무 제한적이었고 용기가 필요했다. 오늘날에도 사회적 약자들이 공적인 장에서 자기 목소리를 내는 일은 결코 쉽지 않다.

세계 최초 여성의 참정권을 실현시킨 나라, 뉴질랜드

세계사를 살펴보면, 우리나라 〈여권통문〉에 앞서 여성들이 목소리를 모아 끈질긴 투쟁을 이어나간 사건이 있다. 1893년 9월 19일은 세계역사상 처음으로 여성에게 참정권이 주어진 날이다. 바로 뉴질랜드에서였다. 지금은 너무도 당연한 이 기본적인 권리를 얻기 위해 뉴질랜드 여성들은 오랜 세월 힘겨운 싸움을 하며 적지 않은 희생을 치러야 했다. 공적영역에서 여성들이 입증한 문서인 〈1893년 여성의 참정권 탄원서(The 1893 Women's

Suffrage Petition. 1997년 유네스코 세계기록유산으로 등재)〉는 '여성이 법적으로 남성과 동등한 권리를 가졌으며, 투표권은 남성만의 권리가 아닌 인간의 권리'라는 내용이다.

당시 여성의 투표권 쟁취를 위해 앞장섰던 여성 단체는 '기독교여성금주동맹(Women's Christian Temperance Movement)'이었다. 원래는 주류 판매를 금지할 목적으로 만들어진 단체였다. 당시 이 단체를 이끌었던 케이트 셰페드(Kate Sheppard)는 여성 인권을 위해 더 큰 그림을 그려나갔다. 그는 여성의 투표권을 요구하는 청원서를 의회에 수차례 제출했다. 참정권을 위해 행동하며 투쟁을 확대해나간 것이다. 결코 쉬운 여정이 아니었다.

1891년, 9천여 명의 서명은 의회에서 받아들여지지 않았다. 1892년에는 2만여 명의 서명을 받아 제출했지만, 상원에서 거부당했다. 그렇다고 포기할 수 없었다. 1893년에는 3만 2천여 명의 서명을 받아 다시 청원을 제출했다. 당시 뉴질랜드 거주 성인 여성인구의 1/4에 가까운 인원이었다. 서명 인원이 늘어갈수록 의회는 더 이상 거부할 수 없었다.

결국 그해 9월 8일, 의회에서 찬성 20, 반대 18로 법

안이 통과되면서 당시 글레스고(Glassgow) 총독의 법안
서명과 함께 역사적인 결실을 맺을 수 있었다. 현재 뉴
질랜드는 10달러짜리 지폐에 셰퍼드의 얼굴을 새기고
여성 참정권을 실현시킨 역사적 가치를 되새기고 있다.
우리나라 최초의 여성 인권선언문의 가치도 그에 못지
않다. 다시 그 의미를 제대로 들여다봐야 할 것이다.

📍 북촌한옥마을 여성 인권 탐방코스

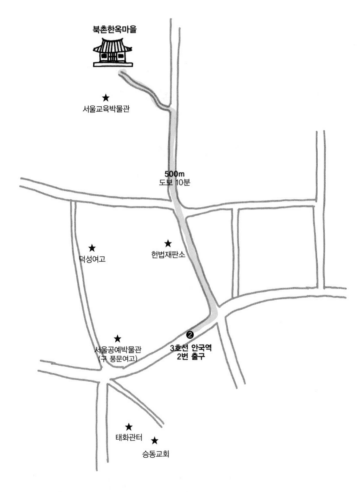

북촌한옥마을

★ 서울교육박물관

500m
도보 10분

★ 덕성여고

★ 헌법재판소

★ 서울공예박물관
(구 풍문여고)

❷ 3호선 안국역
2번 출구

★ 태화관터

★ 승동교회

◉ **북촌한옥마을** 서울 종로구 계동길 37

'위안부' 할머니를 위한 첫 공간

전쟁과여성인권박물관

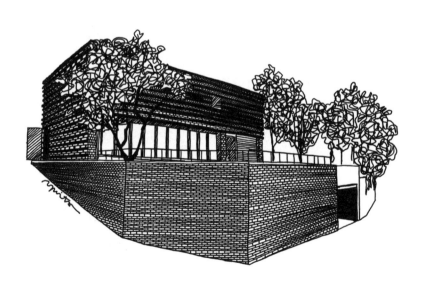

외벽에 쌓아올린 평화의 메시지

성산근린공원 방향으로 20여 분을 걷는다. 붉은 지붕의 집들이 옹기종기 모여 있는 주택가다. 골목길을 따라 오르다 보니 지붕부터 외벽까지 짙은 회색빛으로 무장한 건물 하나와 마주한다. 무심코 걸었다면 박물관인지 모르고 지나칠 것 같은 모양이다. 이내 눈에 들어온 것은 담장에 걸린 수백 개의 노랑나비들. "잊지 않고 기억하겠다"는 메시지가 담긴 메모들이다. 마치 시민들의 응원으로 무장된 공간인 것 같아 더 견고해 보인다. 가까이 다가가 건물을 바라본다. 외벽을 구멍이 송송 나 검은 벽돌로 쌓아 올렸다. 저 안에는 어떤 이야기들이 숨어 있을까? '전쟁과여성인권박물관'이란 이름 탓에 벌써부터 경건한 마음이 차오른다.

전쟁과여성인권박물관은 일본군 '위안부' 피해 할머니들*을 위해 처음으로 만들어진 공간이다. 1992년 일본대사관 앞 수요집회**에 모인 할머니들이 박물관 건립에 대한 뜻을 모으고 시민들의 기부가 이뤄지면서 세워졌다.

할머니들의 아픔을 기억하고 추모하면서 그들이 우

리에게 알리고자 하는 평화의 메시지를 담아냈다. 외벽을 지탱하는 4만 5천 장의 벽돌은 할머니들과 기부자들이 함께 쌓아 올린 평화의 메시지를 상징한다. 마당 길목에 놓여 있는 거친 자갈길을 걷다보니, 일제 강점기 어디로 끌려가는지도 몰랐던 어린 소녀들의 마음과 이후 고향으로 돌아와 겪어야 했던 평탄하지 못했을 그들의 삶이 겹쳐진다.

1층 내부에 들어선다. 리모델링 이전의 흔적을 곳곳에 남아 있다. 배관이 지나갔던 자리나 깨진 벽돌의 모습 등을 그대로 살려 원래의 공간이 품은 역사를 직관적으로 드러냈다. 벽면 중간중간의 검은 벽돌 위에 할머니들의 친필 메시지가 새겨져 있다. 글자 하나하나에 전쟁으로 상처받은 여성들의 아픔이 배어 있다.

---

* 　 종군 위안부의 '종군'은 자발적인 행동과 연결되는 것으로, 일본 내에서 주로 사용하는 용어다. 올바른 표현은 일본군 '위안부'다. 위안부에 따옴표를 명시해 일본이 주장하는 자발성을 제거한 것이다. 또한 일본군 성노예제라는 표현은 '제도'를 강조해 주로 국제법적 책임을 물을 때 사용된다. 따라서 우리가 통상적으로 쓸 때는 일본군 '위안부' 피해 할머니라고 표현해야 한다.

** 　 일본군 '위안부' 조직에 대한 일본 정부의 사과를 요구하고 그 부당함을 규탄하기 위해 매주 수요일에 열린 정기 집회

"나와 같은 아픔을 겪고 있는 여성들에게 희망이 되고 싶어요."

"그걸 다 기억하고 살았으면 아마 살지 못했을 거예요."

지하 1층 전시관 내부로 들어가니 어두컴컴하다. 차별의 벽을 뚫고 자유롭게 날갯짓하는 나비 영상이 나온다. 일제강점기라는 시대의 아픔 속에서 아름다운 청춘을 빼앗겨야 했던 할머니들의 이야기가 다양한 형태로 전시되어 있다. 목소리와 사진, 영상과 자필 메시지까지, 시선을 천천히 옮기며 그들의 사연에 귀를 기울여본다.

"우리 역사를 보고 배워서 다시는 전쟁 없는 세상,
폭력 없는 세상을 만들어주세요."

여성인권의 상징, 평화의 소녀상

서울 종로 수송동에 위치한 주한 일본대사관 앞에 가면 '평화비 소녀상'이 있다. 2011년 12월 14일 수요집회 1천 회를 기념해 시민들의 기부금으로 세워졌다. 평화비 소녀상은 일본군 '위안부' 문제 해결을 요구하며 일본대사관 앞에서 거리 투쟁을 이어온 피해 할머니들의 명예와 인권회복을 담아낸 여성인권의 상징적인 조형물이다.

이 소녀상은 전쟁과여성인권박물관에서도 만날 수 있다. 130센티미터의 작은 키, 단발에 치마저고리를 입고 의자에 앉아 있는 앳된 소녀다. 일본군 '위안부' 피해 할머니들이 일본군에 끌려갔던 13세에서 16세 당시의 모습을 재현했다. 불끈 쥔 소녀의 주먹은 마치 일본의 사과를 끝까지 요구하고 역사 문제에 조금 더 적극적으로 행동하겠다는 의지를 보여주는 듯하다. 소녀는 일본을 꾸짖는 듯 입을 야무지게 다물고 당당하고 의연한 표정으로 앉아 있다. 박물관을 오가는 사람들은 소녀상 옆에 마련된 빈 의자에 앉아 잠시나마 피해 할머니들의 고통을 나눈다. 역사에 대한 시대적 공감의 텃밭을 마련하고 싶었던 조각가 김서경과 김운성 작가의 마음이 느껴지는 공간이다.

2층 테라스에는 검은색 벽돌을 어긋나게 쌓아올려

또 하나의 추모관을 조성해놓았다. 밖에서 봤을 때 외벽에 구멍이 뚫린 것처럼 보인 이유가 여기에 있다. 벽돌들 사이사이 미세한 틈으로 들어오는 자연광 덕에 박물관에서 가장 밝은 공간이 되었다. 벽돌 하나하나에는 돌아가신 할머니들의 사진과 이름, 세상을 떠난 일자가 새겨져 있다.

2022년 12월 26일 이옥선 할머니가 별세했다. 이옥선 할머니는 생전 일본군 '위안부' 문제가 해결되기를 그 누구보다도 열망했던 분이다. 이듬해 5월 또 한 명의 '위안부' 피해 할머니가 세상을 떠났다. 2023년 10월 기준으로 정부에 등록된 240명의 피해자 중 생존자는 단 9명에 불과하다. 생존 '위안부' 피해 할머니의 수는 한 자릿수가 됐다. 이분들의 명예와 존엄을 회복시킬 수 있는 시간이 우리에게 얼마 남아 있지 않다.

최초의 증언 그후 30년

1991년 김학순 할머니가 일본군 '위안부'에 대해 최초 증언을 하고 30여 년이 흘렀다. 2020년은 일본군

'위안부'와 평화의 소녀상 관련 논란이 가장 거세게 몰아쳤던 해다. 이용수 할머니의 기자회견으로 시작된 시민단체의 스캔들(나눔의 집과 정의기억연대 사태)이 꼬리에 꼬리를 물고 이어졌다. 이런 혼란을 틈타 일본은 독일 베를린의 소녀상 철거 요구라는 외교 압박을 강행하고 나섰다. 평생 지울 수 없는 고통을 겪고 그 일을 수차례 다시 복기해야 하는 것이 당사자에게는 얼마나 잔인한 일인가. 지금도 우리는 할머니들의 상처를 봉합하기보다는 오히려 후벼 파고 있는 건 아닐까.

1991년 일본군 '위안부' 피해 증언을 일본 최초로 보도했던 전 《아사이신문》의 우에무라 다카시 기자는 지금도 일본군 '위안부' 피해의 기억을 온전히 세상에 알리기 위해 싸우고 있다.

세상에 처음으로 나온 증언이었습니다. 김학순 할머니의 이야기는 일본군 '위안부' 피해자의 첫 번째 목소리였어요. 보도해야 한다고 생각했습니다. 1991년 8월 11일에 기사를 썼어요. 보도가 나간 후 '이런 매국노가 대학교수로 오면 곤란하다'는 반응이 인터넷에 가득했어요. 일본군

'위안부' 문제는 과거에도 존재했던 일입니다.

세계가 인정한 '전쟁 중 여성 성폭력' 문제는 여전히 제대로 해결하지 못한 역사 문제입니다. 하지만 일본의 일부 세력은 인정하기를 거부하고 있어요. 일본은 스스로 아름다운 나라, 올바른 나라라고 믿고 싶어 합니다. 과거의 잘못을 반성하려 하지 않아요. 김학순 할머니의 첫 증언 이후 다른 할머니들의 증언이 이어졌습니다. 일본군 '위안부' 여성들의 미투 운동인 셈이지요. 세계 최초 미투 운동의 모습이지 않을까요.

우리가 기억하지 않는 역사는 반드시 되풀이됩니다. 그래서 역사적 피해자의 기억을 기록하고 전하는 작업이 매우 중요합니다. 불편한 역사, 어두운 역사, 부끄러운 역사를 직시하고 전달해야 합니다. 그래야 두 번 다시 반복되지 않으니까요.

_우에무라 다카시(전 《아사이신문》 기자)

📍 전쟁과여성인권박물관

성산근린공원
전쟁과여성인권
박물관
마포구청역
홍대사대부속
초등학교
1.2km
도보 19분
6호선 망원역
1번 출구
성산초등학교
합정역

◑ **전쟁과여성인권박물관**　서울 마포구 월드컵북로11길 20

5호선

광화문역

2
출입구

선거의 역사 들여다볼

대한민국역사박물관

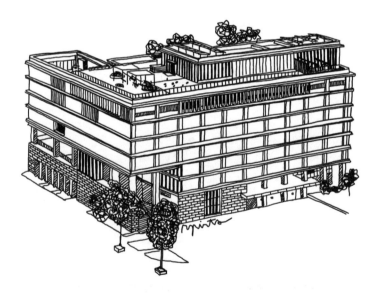

청와대 한눈에 들어오는 명당 중의 명당

광화문역에서 나와 광화문 방향으로 길을 따라 걷는
다. 곧 불투명한 유리 패널로 덮인 건물과 마주한다. 도
시와 하나로 엮인 듯한 건물의 외관이 현대적이고 웅장
하다. 하지만 세련된 외관과 달리 이 건물의 나이는 이
미 환갑을 훌쩍 넘겼다.

처음에는 '정부 신청사'라는 이름으로 1960년에 착
공했다. 준공이 완료된 1961년에는 '국가재건최고회
의' 건물로 사용되었다. 1963년 12월 국가재건최고회의
가 해체된 후에는 경제기획원과 재무부가 사용하면서
문화공보부, 문화체육관광부 청사 등으로 활용되었다.
2008년, 대한민국 근현대사를 조명할 수 있는 역사박물
관을 건립하겠다는 정부의 취지에 따라 리모델링을 거
치면서 2012년 11월 23일 대한민국역사박물관으로 재
탄생됐다.

건물 입구에 들어서자마자 8층 옥상정원으로 향한
다. 밖으로 나가는 순간 북한산의 풍경이 한 폭의 그림
처럼 펼쳐진다. 난간 쪽으로 다가가니, 광화문광장과 경
복궁이 보이고 저 멀리 청와대까지 한눈에 들어온다. 지

난 2023년 10월 15일, 100년 만에 복원된 광화문 월대 (月臺. 궁궐의 정전 등 주요 건물의 품격을 높이기 위해 터보다 높게 쌓은 넓은 기단)에서 일직선으로 뻗은 경복궁 내 풍광도 감상할 수 있다. 우리 역사의 심장, 옛 한양의 중심, 서울 종로 한복판이 내려다보이는 명당 중의 명당이다. 경복궁과 함께 조선시대 최고 행정기관이었던 '의정부 터' 발굴 현장도 한눈에 볼 수 있다. 10여 년 전만 해도 이 건물의 옥상은 외부인이 올라올 수 없었다. 대통령이 머무는 청와대 풍경이 보이는 장소로 혹시 모를 보안 상의 이유였다.

대한민국 최초 투표의 기록

5층 역사관으로 들어선다. 1948년 최초의 제헌국회가 세워졌던 제헌의회 총선거 때부터 대한민국 정부가 수립됐던 순간까지, 우리나라 근현대사의 여정이 순차적으로 정리되어 있다.

5·10총선거 당시에 사용되었던 목제 투표함과 포스터가 보인다. 1945년 해방과 함께 맞닥뜨린 최대 난제는

정부 수립이었다. 가장 먼저 정당을 만들어야 했다.

정당 간 합의를 통해 선거를 치르고 국회를 구성하는 일이 급선무였다. 그 제헌국회를 구성했던 선거가 1948년 5월 10일 진행 된 5·10총선거다. 이날은 우리 국민들에게도 뜻 깊은 날이다. '선거'라는 것을 처음 경험한 날이자 처음 투표소를 찾은 날이기도 하다. 당시 국민들에게 '투표'라는 행위는 그 자체가 매우 낯설고 두려운 일이었다.

전국에 뿌려진 전단을 집어 들고, 전봇대에 붙은 벽보를 바라봐도 도통 이해하기 어려운 내용들이 가득했다. 아이를 업고 나온 아낙네에게도, 아내 손에 이끌려 온 남편에게도, 나이 많은 사람에게도, 젊은이에게도 똑같이 한 표가 주어졌다. 만 21세 성인이면 누구나 참여할 수 있었던 선거였다. 나이, 학력, 재산, 성별의 차이 없이 누구에게나 한 표가 주어진 최초의 보통, 평등, 비밀, 직접선거였다. 당시 문맹률이 높았기 때문에 글을 모르는 사람들을 위해 그림으로 투표 절차를 소개하기도 했다. 기호 대신 그려진 작대기의 수를 보고 신중하게 한 표를 적고, 종이를 정성스레 접어 나무통에 넣었다. 이날 748만여 명의 유권자를 통해 198명의 제헌국회의원이 선출됐다.

전시되어 있는 포스터 문구가 눈에 들어온다. "기권은 국민의 수치, 투표는 애국민의 의무". 95.5%라는 역대 선거 사상 최고 투표율을 기록하게 한 원동력이었는지도 모르겠다.

단독정부 수립 뒤의 아픈 역사

1948년 5월 31일 대한민국 최초의 국회인 제헌국회가 열렸다. 7월 17일 제헌의회 초대 의장이었던 이승만을 필두로 대한민국 최초의 헌법이 제정 공포되었으며, 7월 20일 제헌 국회의원들의 간접선거로 대한민국 초대 대통령 이승만과 초대 부통령 이시영도 선출됐다.

7월 24일, 새로운 대통령을 보기 위해 빗속에 모여든 국민들의 모습이 찍힌 대형 사진이 전시관 벽에 걸려 있다. 흐릿하게 보이는 사람들의 표정에 여러 감정이 얽혀 있다. 그리고 8월 15일, 오랜 세월 겪어야 했던 치욕을 걷어낸 그날, 해방의 날을 되새기며 대한민국 정부가 수립되었다. 하지만 불행의 잔재는 여전히 남아 있었다. 남한만의 단독정부 수립이었다. 해방 직후 모든 정세는 불안정했다. 우리는 또 다른 외세에 흔들리고 있었다. 미국, 러시아 등의 간섭으로 남북 통일국가 설립에 발목이 잡힌 상태였다.

온전히 하나된 정부를 수립하기에 우리의 힘은 턱없이 부족했다. 당시 국민들은 남북이 갈라지는 걸 원치 않았다. 이미 민족 분열과 이산가족의 아픔을 뼈저리게 겪어보지 않았던가. 식민지의 삶을 되풀이할 수 없었다. 그 과정에서 수많은 국민들의 희생이 발생하면서 사상 대립이란 어두운 그림자가 한반도를 뒤덮고 있었다.

제주4·3사건의 시작

1947년 3월 1일 경찰의 발포사건이 그 시작이었다. 당시 3·1절 28주년을 맞아 제주북국민학교에서 기념식을 마친 군중들은 시가행진을 하며 가두시위를 벌였다. 이때 광장 앞에서 구경하던 어린아이가 기마경찰이 탄 말에 치여 다치는 사고가 발생한다. 그런데 기마경찰이 이를 무시하고 그대로 가려 하자 일부 군중은 돌멩이를 던지며 경찰을 쫓았다. 이를 경찰서 습격으로 오인한 경찰이 군중에게 총을 발포하면서 사상자가 발생한다.

이후 경찰·서북청년회의 탄압에 대한 저항과 남한의 단독선거·단독정부 반대운동이 거세지면서 충돌은 시작된다.

1948년 4월 3일 남로당 제주도당 무장대가 무장 봉기한 이래 1954년 9월 21일 한라산 금족 지역이 전면 개방될 때까지 제주도에서 벌어진 일련의 사건이 제주 4·3사건이다. 긴 세월 동안 이어진 무장대와 토벌대간의 무력 충돌 과정과 토벌대의 진압과정에서 아무 죄 없는 수많은 주민들이 희생당했다.

이 사건으로 1948년 5·10총선거에서 제주도는 3개 선거구 중 2개 선거구가 투표수 과반수 미달 처리되면서, 제주도가 빠진 채 대한민국의 첫 선거가 치러졌다. 1948년 전후로 제주4·3사건과 남한단독정부 수립 등 국민들의 아픔과 혼란은 가중됐지만 한국 정치의 서막을 연 의미 있는 시기로 남아 있다.

과거 봉건왕조의 백성, 식민지의 피지배 백성에서

'국민'으로 재탄생한 시점이기 때문이다. 대한민국헌법 초판 사진과 제헌 국회의원들 사진을 번갈아 눈에 담아 본다. 사진 속 국회의원들은 대한민국이 70년 만에 선진국 반열에 들어갈 거란 것을 상상이나 했을까?

현대사의 기록물들 한자리에

1960년 정부통령(正副統領) 선거의 자유당 포스터가 전시되어 있다. 전시 벽면에 새겨진 문구들. "3·15선거는 불법이다, 무효다." "부정선거 몰아내어 민주 정의 바로잡자." 당시 부정선거에 대한 시민들의 저항 의식이 고스란히 담겨 있다.

1960년 3월 15일 제4대 대통령선거와 제5대 부통령선거가 실시되었다. 당시 자유당정권이 저지른 3·15 부정선거는 대표적인 부정선거 사건으로 유명하다.

이전부터 개표를 조작했던 방법은 여러 가지가 있었다. 개표할 때 야당 후보가 찍힌 표가 나오면 투표용지를 일부러 떨어뜨리고, 표를 줍는 척하면서 인주가 묻은 손가락으로 피아노를 치듯 용지를 훼손시켜 무효표로 만드는 것이 '피아노표' 수법이다. '닭죽개표'도 있다. 야당 투표 참관인들에게 수면제가 든 닭죽을 야식으로 먹이고 잠든 사이 투표함을 바꿔치기하는 수법이다. 이 모든 과정이 부정선거의 집합체가 되어 1960년 3·15 부정선거로 완성된 것이다.

개표가 시작되자 이승만과 이기붕의 득표가 95~99% 까지 조작되어 나온 지역이 속출했다. 터무니없는 집계에 놀란 자유당은 되려 득표수를 하향 조정하라고 지시할 정도였다. 최종 집계는 총투표자 1천 만여 명 중 이승만 960만여 명으로 88.7% 득표, 이기붕 830만여 명으로 79%를 득표한 것으로 나타났다. 그러나 국민들은 바보가 아니었다. 개표상의 부정행위에 대한 전 국민의 저항은 3월 15일 저녁, 마산에서의 부정선거규탄 시위로 시작되었다. 이내 전국적으로 확산되어 결국은 1960년 4·19혁명으로 이어졌다.

교묘하게 진화, 반복되는 부정선거를 겪으며 국민의 정치의식이 깨어난 것이다. 그때 국민의 꾸지람이 없었다면 오늘날의 대한민국 정치 어떤 모습으로 퇴보했을까?

독재정권의 서막 그리고 민주화운동

박물관 내에는 박정희 전 대통령의 대통령 취임 기념사 현장 사진도 전시되어 있다. 1961년 5월 16일 박정희와 군부 세력은 군사 정변을 일으켜 민주 헌정을 중단시키고 군정을 강행한다. 1963년 10월, 제5대 대통령 선거에 출마한 박정희가 당선되면서, 제3공화국(1963~1972)에서 제4공화국(1972~1981)으로 이어질 때까지 권력을 독식하려는 박정희 정권의 검은 속내는 계속된다. 유신헌법을 명분화 하기 위해 국민 지지 투표까지 종용한다. 투표 전날, 학교 선생님들은 학생들에게 숙제 하나를 내준다.

'찬성표 찍기를 부모님께 전달하시오.'

지금은 상상도 할 수 없는 숙제의 난이도다. 그 당시 국민들은 "투표에서 100% 찬성이 나오지 않으면 나라가 망하는 줄 알았다"는 이야기도 있다. 사회 전체가 세뇌된 것이다. 결국 1972년 12월 27일 유신헌법이 공포됐다. 대한민국 국민은 대통령을 직접 뽑을 수 없는 간접선거로의 민주주의 퇴보를 겪어야 했다. 박정희 정권의 유신독재 체제는 국민들의 자유와 권리를 더 적나라하게 옥죄었다.

1979년 10월 16일에서 20일까지 부산과 마산 지역을 중심으로 시위가 일어난다. 부산대학교 학생들이 시위를 주도하고 시민들이 합세한 대규모 반정부시위였다. 거리에는 박정희의 퇴진을 요구하는 현수막이 휘날리기 시작했다. 결국 1979년 10월 26일, 박정희는 중앙정보부장 김재규의 총을 맞고 생을 마감하면서 유신독재체제도 함께 막을 내린다.

하지만 독재의 끝은 또 다른 독재의 씨앗을 키운다고 했던가. 전두환을 중심으로 한 더 악랄한 군부 세력이 등장한다. 영화 〈서울의 봄〉이 담아낸 1979년 12월 12일의 9시간은 군부 내 사조직인 '하나회' 중심의 신군부세력의 집권 배경을 극화하여 잘 나타나 있다. '12·12 군사반란'을 시작으로 서울에도, 광주에도 봄은 오지 않았다.

1980년 5월 18일에는 전남도민과 광주시민들이 중심이 되어, 신군부 세력의 계엄령 철폐와 전두환 퇴진, 반독재를 요구하는 5·18민주화운동에 앞장섰다. 국민들은 또다시 독재정권에 맞서 거리로 나와야 했다.

"호헌철폐, 독재타도" 대학생들을 중심으로 한 끈질긴 외침은 1987년까지 이어진다. 1987년 1월 박종철 열사 고문치사 사건, 6월 이한열 열사 최루탄 피격 사건이 일어나면서 국민들의 민주화 불씨는 더 활활 타오르게 된다. 1987년 6월 민주항쟁은 군부독재를 청산하고 사회 전반에 민주화의 이정표를 세운 대한민국 민주주의 역사의 상징으로 남아 있다.

결국 민주항쟁에 굴복한 전두환 정권은 대통령 직선제를 도입하고 국민기본권을 신장하는 방향으로 헌법도 개정한다. 민주주의 제도가 확고하게 뿌리내릴 수 있는 기반을 마련한 것이다. 대학생과 노동자, 농민과 주부 등 너나 할 것 없이 거리로 나와 자유와 평등, 인간다운 삶의 보장을 요구하는 깃발을 올린 덕이었다.

전시실 중앙에 마련된 방에서 통창 밖으로 펼쳐진 광화문 광장을 내려다본다. 수많은 국민들의 외침이 켜켜이 쌓여 대한민국 역사를 이룬 광장이다. 앞으로 얼마나 더 이 거리를 국민들의 목소리로 채워야 온전한 민주주의가 실현될 수 있을까? 오늘따라 마음이 더 벅차오른다.

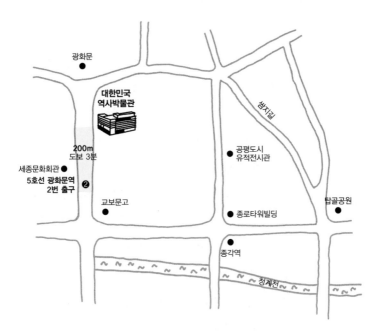

📍 대한민국역사박물관

⊕ **대한민국역사박물관** 서울 종로구 세종대로 198

노동운동 역사의 시작

전태일기념관

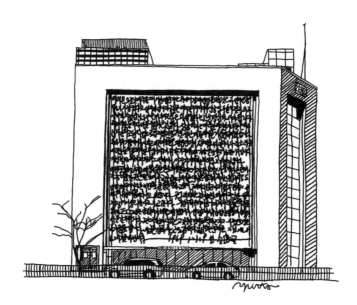

근로기준법을 지켜라!

서울 청계천 평화시장의 재단사, 스물두 살 전태일
은 누구보다 성실한 노동자였다. 매일 반복되는 노동 현
실은 참담했다. 함께 일하는 동료들은 하루가 멀다 하고
눈앞에서 스러져갔다. 그는 지옥 같은 일터에서 벗어나
고 싶었다. 아니 노동 환경을 바꾸고 싶었다.

"근로기준법을 지켜라!"

"우리는 기계가 아니다!"

1970년 11월 13일, 스산한 바람이 불어오는 평화시
장 앞, 노동자들의 목소리로 채워진 플래카드가 바람에
펄럭이고 있다. 그 외침이 제대로 퍼지기도 전에 고용주
패거리들의 손에 찢기고, 밟히고, 묵살되고 만다. 그 앞
에 전태일이 서 있다. 그는 결심한다. 자신의 죽음으로
평화 시장의 참혹한 노동 현실을 세상에 고발하겠다고.
그는 손에 쥔 근로기준법을 태우고 분신 항거했다. 그날
의 아픔은 우리나라 노동운동의 거룩한 불씨가 되었다.

그의 죽음은 수많은 일터를 각성시켰다. 노동인권의
핵심은 작업장에서의 민주주의라는 것을 깨닫기 시작
했다. 그가 죽은 후 50년이 훌쩍 지났지만, '전태일'이란

이름 석 자는 우리의 기억 속에 잘 새겨져 있다. 그리고 그 옆에 새겨진 또 하나의 이름이 있다.

그의 어머니 이소선 여사다. 그는 아들의 유언대로 노동운동에 평생을 바쳤다. 학계와 종교계를 넘어 우리 사회 전체에 노동인권 문제를 알리는 데 힘썼다. 군사정권의 탄압이 심했지만 그의 투쟁은 더 굳건했고 투철했다. 1987년 노동자 대투쟁 때도 함께 힘을 모아 노조 합법화를 이루어내기도 했다. 2011년 9월 3일, 그는 생을 놓는 순간까지도 노동자들의 근로환경을 걱정하며 눈을 감았다.

전태일에서 시작된 여공들의 이야기

2012년 7월, 나는 서울시 산하의 공영 방송사에 입사했다. PD로서 맞는 두 번째 일터였다. 사명감을 갖고 밤낮없이 프로그램 제작에 힘썼다. 그렇게 10여 년이 흐른 2021년 봄, 연출 경험치가 어느 정도 차올랐을 무렵 역사 공간을 담아내는 프로그램을 제작하게 되었다. 기획 단계부터 마음속에 미리 새겨놓은 주제들이 여

럿 있었다. 그중 하나가 '노동운동의 흔적, 여공들의 이야기'다. 나 또한 일터에서 하루하루 치열하게 살아가는 여성노동자이기에 그 어느 때보다 진정성 있는 이야기를 담아내고 싶었다.

그 여정의 시작이 청계천에 위치한 '아름다운 청년 전태일기념관'이었다. 2019년 4월에 개관한 기념관은 전태일 열사의 분신 장소인 청계천로 평화시장 근처, 청계천수표교 가까이에 위치해 있다. 전태일 정신을 새긴 '노동1번지'라는 상징성을 품고 있다.

건물의 한쪽 외벽에는 전태일 열사의 친필 글씨가 빼곡하게 덮여 있다. 1969년 10월 19일, 전태일 열사가 열악한 여공들의 근로조건을 개선해 달라며 노동청 근로감독관에게 직접 보낸 편지를 텍스트 패널로 디자인해 부착해놓은 것이다.

각 전시관에는 '전태일의 꿈, 그리고'를 주제로 한 상설전시와 노동인권의 역사를 되새겨볼 수 있는 이소선 여사 추모 전시 〈목소리〉 등 다양한 기획전시를 볼 수 있다. 전태일의 유품과 함께 1960년대 봉제공장을 재현해놓은 시민체험장도 경험할 수 있다. 여기에 서울

노동권익센터도 함께 있어 과거와 현재의 노동 가치를
동시에 되새겨볼 수 있다.

이름 없는 시다

3층 전시실에는 가난 속에서 배움을 포기할 수 없
었던 전태일의 어린 시절 수기가 펼쳐져 있다. 전태일
은 1948년 8월 26일 대구의 가난한 집안에서 태어난
다. 1950년 한국전쟁 후 상경하지만 아버지의 사업 실
패로 가세는 계속 기울어만 갔다. 어린 나이였지만 우산
장사, 구두닦이, 신문팔이 등을 감당하며 가족의 생계를
책임져야 했다. 결국 초등학교를 그만두고 동대문 시장
에서 잡일을 하며 어머니를 도왔다. 힘든 환경 속에서도
배움의 끈은 놓을 수 없었다. 반년도 채 다니지 못한 청
옥고등공민학교 시절의 노트에는 배움을 향한 그의 열
망이 얼마나 절실했는지 기록되어 있다.

전태일은 열일곱 살이 되던 해, 평화시장의 학생복
제조업체에 보조원으로 취직한다. 그는 하루빨리 재봉
기술을 익혀야 했다. 그래야 조금이나마 처우가 좋은 재

봉사가 될 수 있었기 때문이다. 그 와중에 언제나 그의 눈은 어린 여공들의 노동 현장에 닿아 있었다. 평화시장의 노동 현실은 끔찍했다. 10대의 어린 소녀 시다(견습공)들은 열악한 근무환경에서 저임금 장시간 노동에 시달렸다. 하루 14시간 이상을 근무하며 점심조차 제대로 먹지 못했다.

그는 자신의 버스비를 털어 여공들에게 풀빵을 사다 주고, 2시간 이상 집에 걸어 다닐 때도 많았다. 시다들이 일하는 다락방은 햇볕 한 줄기 들지 않았다. 실먼지만 자욱하게 날릴 뿐이었다. 허리조차 펼 수 없는 좁은 작업장에서 밤샘 야간작업까지 해야 했다. 폐병에 피를 토하는 시다들이 늘어갔다. 더 이상 방치할 수 없었다. 전태일은 바보회, 삼동회 등을 결성해 노동실태를 조사한 뒤 노동청에 진정서를 제출했다. '바보회 회장 명함'과 '노동실태조사 설문지'가 전시관에 그대로 보관돼 있다.

당시 청계천 피복공장에서 어린 시다로 일했던 이숙희 여사는 겨우 열여섯 살이었다. 어려운 집안 살림에 어머니가 혼자 고생하는 게 싫었던 맏딸은 공장 일을 시작했다.

> 두 여동생은 저 같은 삶을 살게 하고 싶지 않았어요. 그래
> 서 더 열심히 일했지요. 당시 딸들은 남의 집에 애보기(식모
> 살이)로 보내던 시절이었는데, 저는 오히려 기술을 배우는
> 게 더 나을 거라 생각했거든요. 기술을 배워서 돈을 모아
> 학교를 가겠다고 다짐했지요. 딱 1년만 고생하면 되니까.
>
> _이숙희(당시 청계천 피복공장 노동자)

막상 공장에 와보니 자신보다 어린 소녀들도 많았
다. 오빠나 남동생의 학비를 벌기 위해 일을 하는 소녀들
이 대부분이었다. 자신을 위해서는 뭐 하나 자유롭게 할
수 있는 게 없었다. 오직 가족을 위해서 일할 뿐이었다.

YH무역 최순영 여사는 당시 열아홉 살이었다. 부모
님이 일찍 돌아가셔서 남동생만 세 명이었다. 맏딸은
살림 밑천이라 했던가. 그는 동생들의 보호자가 돼야
했다.

돈을 벌어서 동생들 학비를 보태려고 서울로 왔어요. 동료

여공들도 마찬가지였지요. 수십 년이 흘러서 그때 친구를 만났는데요. 그 친구는 그때만 생각하면 너무 억울하대요. 그때 자기가 일해서 번 돈은 모두 시골에 보냈고, 그 돈으로 아버지는 땅을 사서 재산을 불렸대요. 그런데 아버지가 돌아가시면서 전 재산을 남동생에게만 물려주셨다면서 너무 분하다면서요.

_최순영(당시 YH무역 노조지부장)

당시 청계천 피복공장의 어린 시다들은 이름으로 불리지도 못했다. 나는 '1번 시다' 너는 '2번 미싱사'였다. 한 명의 노동자로서 최소한의 대우도 받지 못한 시대였다. 노동자를 하나의 부속품으로 여겼던 것이다. 잔업의 유혹은 그들을 더 사지로 내몰았다. 야근을 위해 졸음을 참아야 했다. 각성제를 먹고 며칠 밤을 새면서 과도한 노동을 이어갔다. 일명 '타이밍'이라는 잠 안 오는 약을 지속적으로 복용했다. 참혹했던 일터에 방치된 여성 노동자들, 여공이 우리나라 노동운동 역사의 시작이 됐던 이유다.

여공들의 용기, 노동조합의 탄생

전태일 열사는 분신 후 병원으로 옮겨졌다. 사경을 헤매던 그는 어머니에게 마지막 유언을 남긴다.

엄마, 똑바로 들어야 해요. 내 목숨 하나 바쳐서 암흑세계에 창구멍을 하나 내놓고 있을 테니까, 노동자와 학생들이 저 창구로 막 소리 지르면서 갈 때, 엄마는 앞장서서 같이 소리를 질러줘야 해.

이소선 여사는 아들의 뜻을 이어받아, 1970년 11월 27일 청계피복노동조합을 설립한다. 당시 평화시장에는 "깡패가 일하기 싫어 자살했다" "깡패가 폐병에 걸려 취업이 안 돼서 죽었다"라는 괴소문이 퍼져 나갔다. 사장과 공장장의 이야기를 신뢰했던 시기였기에 진실은 왜곡되어 확산됐다. 그렇게 얼마의 시간 흘러 이상한 소문 하나가 돌았다. "깡패 친구랑 그 엄마가 평화시장 옥상에 노동조합을 만들고, 매일 모여서 찬송가를 부른다"라고…. 여공들은 먼 발치에서 이소선 여사의 모습을 훔쳐봤다.

당시 큰 슬픔에 잠겨 있던 여사는 쪽머리에 흰 한복을 입고 손을 가지런히 모은 채 갸우뚱한 고개로 평화시장 옥상을 왔다 갔다 할 때가 많았다. 어린 여공들은 당시 그 모습이 꽤 무서웠다고 한다. 분신한 재봉사의 죽음과 그의 가족의 이미지가 겹쳐져 두려움으로 다가온 것이다. 하지만 전태일의 죽음에 대한 진실이 서서히 퍼지면서 '노동조합'에 대한 사람들의 관심도 늘기 시작했다. 이후 노동자들의 투쟁 현장마다 이소선 여사가 함께하는 모습을 보고 하나둘 용기를 내어 모이기 시작했다.

1970년대 노동조합은 민주화에 역행하고 있었다. 국가 부속기관처럼 운영됐기 때문이다. 노동부는 별명이 사용자부, 즉 어용노조였고 노총(노동총연합회)은 정부에서 내려 보낸 인사들이 주도권을 쥐고 있었다. 여공들이 만든 노동조합은 중앙노총에 의해 오히려 와해될 때가 많았다. 국가의 기조가 철저하게 국민들의 희생을 강요하고 있었다. 사회는 강약약강의 형국으로 흘러갔다. 1977년 8월 1일자 《주간시민》을 보면 "새마을운동을 핑계로 잔업수당을 주지 않아 3년간 밀린 잔업수당만 16억여 원이었다"는 내용을 확인할 수 있다.

1978년 만들어진 김민기의 노래굿 〈공장의 불빛〉 중 '야근'이라는 음악극에서 당시의 현실을 더 적나라하게 알 수 있다.

서방님의 손가락은 여섯 개래요.
시퍼런 절단기에 뚝뚝 잘려서
한 개에 오만 원씩 이십만 원을
술 퍼먹고 돌아오니 빈털터리래.
울고 짜고 해봐야 소용 있나요.
막노동판에라도 나가봐야죠.
불쌍한 언니는 어떡하나요.
오늘도 철야 명단 올렸겠지요. (…)

'누군들 하고 싶어 하느냐'면서
힘없이 하는 말이 폐병 3기래,
남 좋은 일 해봐야 헛 거지.
고생하는 사람들만 손해야. (…)

사장님 강아지는 감기 걸려서

포니 타고 병원까지 가신다는데,

우리들은 타이밍 약 사다먹고요,

시다 신세 면할 날만 기다리누나. (…)

이 옷을 만들면 누가 입나요.

사장님, 사모님이 사서 입나요.

우리들은 작업복만 어울린대요.

이 가사의 주인공은 전국에서 다섯 손가락 안에 들던 섬유제품제조기업 동일방직의 여공들이었다.

여성 노동운동 역사의 시작

1978년 2월 21일 발생한 '동일방직 똥물투척사건'은 1970년대 대표적인 노동 탄압 사건이다. 똥물을 맞은 동일방직 여성 노동자의 모습이 담긴 사진은 지금도 노동운동의 중요한 사료로 남아 있다. 사측이 매수한 조합원들이 쟁의 중이던 여성 조합원들에게 똥물을 뿌렸고, 똥물을 뒤집어 쓴 여성 노동자들이 치욕감에 고개를 떨군 모습이다.

사건의 시작은 1972년으로 거슬러 올라간다. 당시 동일방직 노동자의 90퍼센트가 여성이었다. 그들은 저임금과 열악한 노동 환경에 시달렸다. 게다가 관리직도 모두 남성들 차지였다. 더 이상 부당함을 참을 수 없었다. 여성 조합원들은 "우리 회사 노조위원장은 우리가 뽑겠다"고 주장했다. 사측은 갖은 방법을 동원해 이를 말리려 했지만 그들의 의지를 꺾을 수는 없었다. 결국 1972년 5월 10일 노동조합 정기 대의원 대회에서 지부장으로 여성노동자 주길자를 선출했다. 한국 최초의 여성 지부장의 탄생이었다. 이후 반도상사, YH무역 등에서도 여성지부장이 배출됐다.

1979년 8월 9일~11일에 발생한 'YH무역사건'도 여성노동 역사에서 빼놓을 수 없다. 가발공장이었던 YH무역은 지금의 서울 중랑구 면목동에 위치한 녹색병원 자리에 있었다. 1965년 장용호가 자본금 100만 원에 종업원 10명으로 시작한 가발 수출 공장이었다. 1970년에 들어서면서 정부의 수출 지원책으로 종업원이 최대 4천명으로 늘어나면서 대기업으로 성장했다. 매출 또한 최고치를 기록했다. 문제는 그 몫이 직원들에게 돌아가지 않았다는 것이다.

1979년 장용호 회장이 회사의 수익금을 빼돌려 해외로 도주하는 사건이 발생한다. 사측은 회장의 해외도피, 적자 운영 등 경영부실을 이유로 1979년 8월 6일 일방적 폐업 공고를 낸다. 갑작스러운 폐업 통보에 노동자들은 큰 충격에 휩싸였다. 8월 9일, 노동자들은 당시 야당 대표였던 김영삼 총재를 찾아가 도움을 요청하고, 신민당사에서 농성 투쟁을 이어간다. 그렇게 며칠이 흘러 8월 11일 새벽, 소리 소문 없이 경찰이 신민당사로 들이닥친다. 이날 아수라장이 된 진압 상황에서 여공 김경숙이 건물 4층에서 추락해 사망하는 사건이 발생했다.

당시 YH무역 노조지부장이었던 최순영 여사의 이야기를 들어보면 당시 사건의 배경을 더 자세히 알 수 있다.

사측이 일방적으로 폐업공고를 낸 후에, 여공들은 자신들을 지지해줄 수 있는 모든 단체를 수소문했어요. 도시산업선교회, 노동청년회, 국회의원, 장관, 여성단체 등에 호소문을 보냈지요. 처음에는 기숙사에서 투쟁을 이어가던 여공들은 불안해하면서 투쟁 장소를 고민했는데요. 결국 투쟁장소로 결정한 곳이 신민당사였어요.

_최순영(당시 YH무역 노조지부장)

최순영의 남편은 노동운동 위장취업 1세대 시민운동가 고(故) 황주석 선생이다. 그는 남편을 통해 노동운동가 원로들에게 도움을 요청했고 김영삼 총재에게까지 전달됐다. 그렇게 9일 새벽 신민당사 강당으로 들어갈 수 있었다.

그 소식이《동아일보》석간에 실리면서 이후 여러 언론에도 보도되기 시작했다. 그때 여공들은 중앙지가 소식을 실어준 것에 안도의 한숨을 내쉬며 희망을 이야기했다. 이런 사회적 분위기를 타고 여의도에서는 용달차 기사들이 모여 부당한 특혜를 제공하려는 용달협회를 향해 시위를 벌이기도 했다. 그동안 억눌렸던 노동자들의 분노가 폭발하기 시작한 것이다.

그래서였을까. 청와대가 움직이기 시작했다. 11일 새벽, 수백 명의 경찰이 신민당사를 에워쌌다. 경찰은 고가 사다리를 타고 창문으로 뛰어 들어왔다. 일명 '101호 작전'이다. YH무역 여성노동자 187명을 진압하기 위해 1천여 명의 경찰이 투입된 것이다. 그때의 진압으로 스물한 살이던 여공 김경숙이 사망했다.

최순영 여사는 경찰에 붙잡혀 조사를 받는 도중 김경숙의 죽음을 알고 통탄했다. 당시 그를 더 괴롭혔던 건 사건과 관련한 오보들이었다. "김경숙 양은 연행과정의 소란을 틈 타 스스로 동맥을 끊고 지하실 입구에 방치돼 있는 것을 인근 녹십자병원으로 옮겼으나 숨졌다"거나, "젊은 소녀들이 보름달을 보면 마음이 울적해져 자살을 하기도 한다"는 보도였다. 분노가 치밀어 올라 참을 수가 없었다. 그리고 생각했다. '경숙이처럼 우리도 죽을 수 있겠구나.'

이후 김영삼 총재는 노동자의 편에서 정권을 향한 강력한 규탄에 나섰다. 결국 1979년 10월 4일, 우리나라 사상 초유의 국회의원 제명 파동의 당사자가 되어 정권과 대립각을 이어간다. 이는 10월 16일에서 20일까지 부산과 마산을 중심으로 유신독재체제에 대항하는 '부마민주항쟁'이 발발하는 중요한 계기가 된다. 며칠 후인

10월 26일, 중앙정보부장 김재규가 박정희를 살해하면서 유신체제도 무너지고 만다.

비록 전두환의 12·12군사반란 사태로 또 다른 군부세력이 등장하지만, 우리 국민은 더 이상 정권 앞에 무력한 태도를 보이지 않았다. 1980년 5월 18일 전남, 광주지역에서 일어난 5·18민주화운동은 1987년 6월 항쟁의 꽃을 피우는 원동력이 되었다. 이렇게 1970년대 여공들의 노동투쟁은 1980년대 민주화항쟁의 근간이 되어 지금까지 이어지고 있다. 우리가 사는 오늘은 내일의 역사라는 것을 증명한다. 지금도 노동자들의 피, 땀, 눈물로 채워지고 있는 노동현장은 없는지 관심을 갖고 주변을 돌아봐야 하는 가장 큰 이유이기도 하다.

📍 전태일기념관

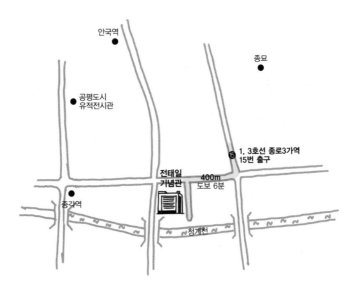

안국역

종묘

공평도시
유적전시관

1, 3호선 종로3가역
15번 출구
⑮

전태일
기념관
400m
도보 6분

종각역

청계천

◎ **전태일기념관** 서울 종로구 청계천로 105

여공 '순이의 삶'을 보다

구로공단 노동자생활체험관

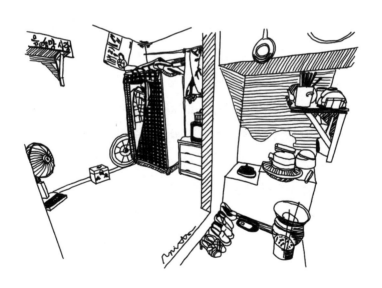

2평에 6명이 생활한 벌집촌

가산디지털단지역 출구에서 나와 가산동 뒷골목으로 걸어 들어간다. 줄지어 세워진 주택들 사이에 자리잡은 빨간 벽돌의 양옥집이 눈에 들어온다. '구로공단노동자 생활체험관, 금천 순이의 집'이다. 1960년대 후반에서 1990년대에 이르기까지 구로공단의 역사와 여성 노동자의 생활상을 직접 보고 체험할 수 있는 공간이다.

노동자 생활체험관에는 구로공단 여공들이 옹기종기 모여 살던 쪽방의 원형을 그대로 복원해놓았다. 2~3명의 노동자가 생활했다던 한 평 남짓한 쪽방. 힘든 노동에 몸 하나 편히 누일 수 없었던 그들의 고단함이 고스란히 전해진다. 여공들이 생활하던 쪽방은 기숙사 형태로 공장에서 운영하기도 했다. 일명 '벌집촌'이라 불렸다. 낡아서 제 구실을 못하는 건물의 실내공간을 작은 방 여러 개로 나누고, 화장실과 목욕탕 등을 공동으로 사용하게 한 임대형 임시거처였다. 마치 수용소 같은 모습이다. 2평도 안 되는 방 하나에 평균 6명이 함께 지냈다. 이런 생활이 가능했던 이유는 3교대 시스템의 공동 기숙 형태로 운영됐기 때문이다.

가격도 싸지 않았다. 1970년대 서울 구로 지역의 벌집 방세는 한 달에 5만 원이었다. 당시 여공들의 월평균 임금은 3만 9천 원.(《동아일보》, 1976.6.5.) 숙련 여공이 한 달간 48시간 잔업과 2일 철야 근무를 하고 받는 월급이 5만 8천 원이었던 걸 감안했을 때, 방값은 비싸도 너무 비쌌다. 노동 착취가 기괴한 형태로 이뤄지는 상황이었지만 딱히 방법은 없었다.

여공들은 방세를 줄여야 했다. 최대한 돈을 아껴 가족들에게 보내야 했다. 당시 일정한 주기로 보름달 빵이 간식으로 나왔는데 이를 한 명에게 몰아주었다. 이것을 '빵계'라 한다. 모은 빵은 모두 고향으로 보내졌다. 팍팍한 삶 속에서도 가족을 먼저 생각했던 그들의 마음이 참 어여쁘다.

공장에서 일하는 여공, 일명 공순이와 함께 차순이, 식순이로 불렸던 '순이'들이 있다. '순이' 하면 우리는 어떤 이미지를 떠올릴까. 억척스럽고 모진 일을 마다 않는 여성의 모습이지 않을까. 1960~1980년대를 거치면서 우리나라는 짧은 기간 동안 고도의 성장을 이뤄냈다. 당시 10대 순이들이 돈을 벌기 위해서는 상경이 급선무였다. 1960년대에 경공업이 발달하면서 여성들의 일자리는 늘어났다. 여공들이 산업 발전의 역군으로 탄생한 것도 바로 이때부터다. 당시 순이들이 시대의 자화상인 이유다.

역사 속에 사라진 이름, '순이'

순할 순(順). 잘 따르는 순한 여자가 되길 강요받던 시대였다. 차순이, 식순이, 공순이라 불렸던 그들은 지금 어디로 사라졌을까? 한때는 경제의 주역이었지만 지금은 잊힌 순이들이 궁금해졌다. 나는 당시 10대 여성 노동자로 버스 안내양, 여공, 식모의 삶을 살았던 증언자를 찾기 시작했다.

1960~1980년대만 해도 남성 노동력이 여성보다 더 높게 평가받던 시대다. 할머니나 엄마, 이모의 입을 통해 한 번이라도 들어봤을 그때 그 시절의 이야기를 들어보자.

"안 내리면 오라이~~!"

'버스안내양' 하면 떠오르는 한 사람이 있다. 1990년대 개그 프로그램에 등장했던 개그우먼 이영자의 에너지 넘치는 모습과 당찬 목소리는 아직도 귓가에 맴돌 정도다. 우리나라 버스안내양의 시작은 1930년대 후반, 일제 강점기에 등장한 버스 여성차장이다. 나름 여성노동자들에게 인기 있는 일자리였기에 1980년대 후반까지 이어졌다.

산업의 발전에 따라 직종의 가치도 변하는 것이 순리다. 버스차량의 자동화 시스템과 버스카드가 등장하면서, 1989년 자동차운수사업법도 개정되면서 버스 안내양 고용 의무 조항도 삭제된다. 결국 같은 해 4월 김포교통 소속 안내양 38명을 마지막으로 버스안내양이란 직업은 역사 속으로 사라지게 된다.

열여덟 살 버스안내양의 삶을 살았던 송안숙 여사를 만났다. 그는 남동생의 학비를 벌기 위해 상경했다고 했다.

그땐 버스안내양이 되려면 중학교 이상 졸업해야 했어요. 저는 학력은 미달이었지만 입사 시험에 나온 계산 문제는 거뜬히 풀 수 있었어요. 거스름돈을 계산할 수 있는지 테

스트해보는 시험이었는데 통과한 거예요. 1978년 8월 김
포교통이라는 버스회사의 안내양으로 일을 시작했어요.
대부분 버스안내양들이 가족의 생계를 책임지고 있었기
때문에 근로조건이 좋지 않아도 꾹 참고 일했죠.

_송안숙(당시 버스안내양)

그는 오전 4시 30분부터 밤 12시까지, 하루 18시간
가량 버스를 타야 했다. 잠깐의 휴식시간을 제외하고 내
내 서서 일했다. 길이라도 막혀 버스 시간이 지연될 때
면 끼니를 거르는 일도 다반사였다. 버스 내부 청소도
안내양의 몫이었다. 피로와 졸음을 이기지 못하고 실신
하는 안내양도 어렵지 않게 볼 수 있었다. 콩나물시루처
럼 버스에 매달린 사람들을 안으로 밀어 넣는 체력까지
필요했다. 적은 임금이라도 받으려면 버티고 또 버티면
서 살아남아야 했다.

'순이'의 희망, 공부

'삥땅'이란 말이 있었다. 안내양들이 승객들에게 차

비를 받아 몇백 원씩 슬쩍 빼돌리는 일이 종종 발생하면서 생긴 표현이다. '삥땅을 칠 수 있다'는 의심을 받으며 매일 일을 한다는 것은 결코 쉽지 않았다. 억울한 누명을 뒤집어쓰는 일도 다반사였다.

'삥땅을 잡아낸다'는 명목으로 회사에서는 하루가 멀다 하고 안내양들의 몸수색을 벌였다. 심각한 인권유린이었다. 10대 여성이 감당하기에 너무도 치욕적인 상황이었다. 오죽했으면 '삥땅 누명을 쓴 버스안내양이 달리는 버스에서 뛰어내린 사건'이나 '삥땅을 의심받던 안내양이 감독관에게 몸수색을 당하고 자살한 사건'까지 발생했다. 여기에 안내양을 대놓고 무시하는 승객들의 태도 또한 어린 여성노동자의 마음에 큰 상처로 남았다.

사람들이 무시하는 일이 많았어요. 분한 마음에 주저앉아서 울고 싶을 때도 여러 날이었지요. 특히 또래 고등학생들을 볼 땐, 그이들이 입은 교복하고 내가 입은 안내양 유니폼이 비교되니까 너무 부러웠지요.

_송안숙(당시 버스안내양)

그렇다고 학업에 대한 꿈을 버리진 않았다. 학교가 아닌 버스 안에서, 우리 집이 아닌 남의 집 골방에서, 책상이 아닌 재봉틀 앞에 앉아 다시 공부할 수 있을 거라는 희망을 품고 살았다.

열 살 아이의 식모살이

이른바 '배우지 못한 여성'에게 비교적 진입장벽이 낮은 직종이 있었다. 바로 '식모'로 불리는 가정부다. 식모살이의 가장 큰 특징은 고용인의 사생활 공간에서 혼자 생활해야 한다는 것이다. 결국 남의 시선이 닿지 않은 가장 사적인 공간에서 벌어지는 노동인 것이다. 이런 사각지대에서의 노동이 어쩌면 가장 가혹하지 않을까.

1970년대 중반 아파트 건설이 본격화된다. 신문에도 아파트 단면도를 내세운 분양광고가 등장하면서 새로운 주거 형태의 시작을 알리게 된다. 당시 아파트의 단면도를 보면 지금의 구조와 별 차이가 없어 보이지만, 가장 눈에 띄는 공간이 있다. 이른바 '가정부방' '식모방'으로, 부엌 옆에 딸린 골방이 있다.

1976년 공급된 잠실주공5단지 35평형 단면도에는 '가정부방'으로, 1979년 공급된 압구정현대아파트 56평형에는 '식모방'으로 표시되어 있다. 당시 서울에서 식모가 있는 가정의 비율은 무려 23.1퍼센트(《매일경제신문》, 1975.11.12.)나 됐다. 그만큼 '식모'는 보편화된 일자리였다. 나이는 대체로 15~19세였다. 적게는 13세도 있었다. 부모의 돌봄을 받아야 할 어린 나이에 남의 집에 살면서 남의 집 아이들을 돌보고, 가사 노동까지 감당해야 했다. 악순환이었다. 교육받을 기회는 박탈되고, 마땅히 받아야 했던 월급도 터무니없이 적었다. "먹여주고 재워주는데 당연한 거 아니냐"라는 놀부 심보의 고용주들이 많았다. 어린 식모는 혹시라도 쫓겨날까 무서워 최저시급조차 요구할 수 없었다. 간혹 정당한 임금을 요구했다가 폭행을 당하는 경우도 많았다. 1960년대 중반 식모의 월급은 400~500원 정도였다. 당시 교직원 월급이 3,500원인 것을 감안하면 일반 직장인의 1/7 수준에 불과했다. 사실 그 정도라도 받을 수 있는 게 다행이었다. 월급을 아예 못 받는 경우도 다반사였다.

열 살에 식모살이를 해야 했던 임도희 여사는 일명

'어린이 식모'였다. 어린 시절 그는 공부를 좋아했지만 가난한 집안 환경 탓에 학업을 이어갈 수 없었다. 어느 날 부모님은 멀지 않은 집의 양녀로 보내주겠다고 했다.

거기에 가면 공부도 시켜주고 세끼 따뜻한 밥도 먹을 수 있다고 했어요. 그래서 식모살이를 하게 된 거예요. 그런데 막상 가보니까 양녀가 아니라, 여관집 식모인 거예요. 그때부터 안 해본 게 없었지요. 도망갈 수도 없었어요.

_임도희(당시 어린이 식모)

몇 달 후, 부모님의 집과 너무 멀리 떨어진 곳으로 이사를 갔다. 열 살 아이가 혼자 부모님이 있는 집을 찾아가기엔 너무 먼 거리였다.

동치미 담그고 김장하는 걸 열한 살에 배웠어요. 잠을 설치면서 일하는데도 밤새 두들겨 맞는 거예요. 학교를 보내주겠다는 약속도 지키지 않았고, 돈도 한 푼 받지 못했어요.

_임도희(당시 어린이 식모)

양엄마라는 사람은 밤마다 술을 마시고 매질을 해 댔다. 집 안에서 때리다 지치면 밖으로 데리고 나가 차 돌로 내려찍을 때도 있었다. 무차별한 폭력 앞에 소녀는 무기력해져만 갔다. 폭력에 적응하며 살아가는 자신의 처지가 비참하기만 했다. 그렇게 3년을 버텼다.

어느 날 양엄마가 술을 사오라 했다. 술에 취한 그는 뭐가 그리 화가 났는지 소주병을 부엌 타일에 깨부쉈다. 깨진 병을 거꾸로 들고는 소녀의 얼굴을 찔렀다. 너무 놀랐다. 너무 아팠다. 피가 얼굴에 철철 흘렀지만 수건으로 대는 것 외엔 아무것도 할 수 없었다. 다음 날 아침, 만신창이가 된 소녀의 얼굴을 본 양엄마는 말했다.

"너 얼굴이 왜 그러니?"

"엄마가 어제 저녁에 그러셨어요."

이내 주방을 확인한 양엄마는 말했다.

"동네 사람들한테 절대 내가 그랬다고 말하지 마!"

그는 제대로 된 치료도 받지 못했다. 그렇게 또 며칠이 지났다. 그날도 양엄마는 술을 사오라고 했다.

도망치지 않으면 죽겠구나, 하는 생각이 들더라고요. 언제

부턴가 손님들이 가끔 주고 간 100원짜리 동전을 모아놓은 게 있었어요. 3천 원 정도 모았던 것 같아요. 그날 술 사오겠다고 하고는 그 길로 도망쳤지요. 뒤도 돌아보지 않고 기차역으로 달려가서 새벽기차를 탔어요. '혹시라도 양엄마가 잡으러 오면 어떡하나' 하고 열차에서도 걱정했죠.

_임도희(당시 어린이 식모)

그는 밤이 돼서야 고향에 도착했다. 열 살 때 집을 떠난 딸은 열세 살이 되어 부모 앞에 나타났다. 딸을 마주한 부모는 그 자리에 털썩 주저앉고 말았다. 옷도 제대로 입지도 못한 채 얼굴에는 피 묻은 붕대를 엉성하게 붙이고 서 있는 모습에 아연실색했다. 가서 잘살고 있을 줄 알았던 딸의 모습은 처참했다. 딸을 부둥켜안은 엄마는 가슴을 치며 통곡했다.

40년이 훌쩍 지난 이야기지만 당시의 아픔을 잊기엔 짧은 시간이었다. 하지만 임도희 여사는 부모를 원망하지 않는다고 했다. '미안하다'라는 말조차 제대로 꺼내지 못하는 부모님의 모습이 아직도 눈에 선하기 때문이라고 한다. 상처 입은 딸을 마주한 부모의 마음은 오죽했을까. 그는 얼굴의 흉터를 안고 수십 년을 살았다. 마흔을 훌쩍 넘기고서야 성형수술을 할 수 있었다. 얼굴의 흉터는 사라졌지만 어린 나이에 겪어야 했던 마음의 상처는 여전히 지울 수 없는 상흔이 되었다.

그는 어려운 형편 탓에 남은 10대 시절도 공장에서 보냈다. 돈을 벌어 막냇동생 공부도 시켜야 했다. 스물한 살에는 폐결핵을 앓아 죽을 고비를 넘겼지만, 이 또한 굳세게 이겨냈다. 환갑이 가까운 나이에 트로트 가수로 활동하고 있는 그는 한쪽 폐로만 노래하고 있다.

원망 같은 건 없어요. 열여덟에 꿨던 꿈을 늦게라도 이뤘잖아요. 지금은 전국을 돌며 노래를 불러요. 그래서 행복합니다. 적어도 저는 꿈을 이룬 운 좋은 사람이잖아요.

_임도희(당시 어린이 식모)

우리들의 엄마, '순이'들

오늘날에도 비정규직 노동자와 이주노동자, 국제결혼을 한 다문화가정의 노동자들까지, 다양한 형태로 이

시대의 '순이'들이 존재한다. 우리는 여전히 은연중에 이들의 목소리를 외면하고 있진 않을까. 버스안내양 송 안숙 여사가 말한다.

> 저는 열매를 따 먹는 심정으로 살고 있어요. 나라와 가족을 위해 저보다 더 희생한 누이들이 많았으니까요. 그런데 마음 아픈 건, 그분들이 지금도 우리 사회를 위해 일해요. 지금 60대, 70대가 된 어머니들 말이에요. 때로는 요양 사로, 복지사로, 가사도우미로 일하면서 우리 사회를 지탱하고 있잖아요. 그분들은 지금도 일을 놓지 않으세요. 그래서 지금의 우리도 있는 게 아닐까요?
>
> _송안숙(당시 버스안내양)

30~40년 전 우리 누이였던 순이들은 이제 우리의 '엄마'로, '할머니'로 남아 있다. 우리는 이제라도 진솔한 마음을 전해야 하지 않을까?

"모두 당신 덕분입니다. 정말 고맙습니다."

♀ 구로공단 노동자생활체험관

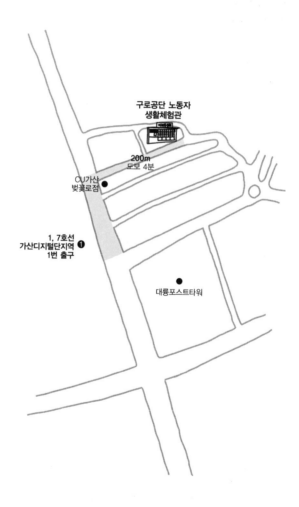

**구로공단 노동자
생활체험관**

200m
도보 4분

CU가산
벚꽃로점 ●

1, 7호선
가산디지털단지역 ❶
1번 출구

● 대륭포스트타워

◆ **구로공단 노동자생활체험관**   서울 금천구 벚꽃로44길 17

1980년 5월,
민주화운동의 역사를 바꾼
어느 사진기자의 기록

오일팔 증명사진관

《오일팔 증명사진관》은 1980년 광주의 참상을 목격한 두 사진기자에 관한 TBS 다큐멘터리로, 저자 박은주PD의 연출작이다. 5·18 광주의 참상을 최초로 기록하고 알린 나경택 전 《전남매일신문》 사진기자와 1987년 6월 민주항쟁의 도화선이 되고 이한열 열사의 피격 사진을 기록한 정태원 전 UPI·로이터통신 사진기자의 이야기를 담았다. 이 작품은 북미3대 영화제로 꼽히는 2023 〈휴스턴국제영화제〉 장편 다큐멘터리 부문 은상(Silver Remi Award)을 수상했다.

목숨 걸고 지켜낸 5·18의 사진들

'5·18 광주 민주화운동'은 방송사 PD라면 누구나 한 번 쯤 꼭 다뤄보리라 마음먹는 주제이다. 내가 5·18 다큐멘터리 제작을 다짐했던 것은 우연히 강연 현장에서 마주친 한 중학생의 말 한마디에서 시작됐다. 강당 스크린 화면에는 나경택 사진기자의 5·18 당시 '곤봉 사진'이 띄워져 있었다.(147p)

"피디님, 그때 이 사진을 찍은 분은 지금 살아계시나요?"

"물론이지요!"

잠시 생각에 잠긴 학생의 다음 질문에 나는 제대로 된 답을 할 수 없었다.

"그런데요, 이런 사진을 찍고 어떻게 살아남을 수 있었을까요? 물어보고 싶어요."

그렇다. 그의 사진들은 역사상 가장 엄혹한 시절을 견디고 살아남았다. 나경택 사진기자는 이 역사적 증거를 어떻게 카메라에 담아냈을까? 5·18 이후 40여 년이 훌쩍 지난 지금, 그의 눈에 비친 우리나라 민주주의는 어떤 모습일까?

그로부터 2년의 세월이 더 흘러서야 그를 만날 수 있었다.

그는 사진을 바라보며 마음의 염증을 토해내고 있었다. 엄혹했던 1980년 5월의 광주, 민주항쟁 현장에는 항상 그가 있었다. 엄혹했던 1980년 5월의 광주, 그는 역사의 현장에 있었다. 나경택 사진기자(전《전남매일신문》)는 5·18 광주의 참상을 최초로 카메라에 담아낸 사람이다. 지금 우리가 떠올리는 대부분의 5·18 광주의 이미지는 그가 목숨 걸고 기록한 사진들이다. 그의 사진은 역사적 증거이자 증인이 되었다.

1980년 5월 비극의 시작, 전남대학교

KTX를 타고 광주송정역에 왔다. 지하철로 연결된 길을 따라 1호선 광주송정역으로 향한다. 금남로5가에서 내려 다시 금남57번 버스로 갈아탄다. 유창아파트에서 하차해 도보로 10분 정도 걸으면 전남대학교 정문에 도착한다.

1980년 5월 8일, 나경택 기자는 전남대학교 앞에 있었다. 당시 경찰과 대치하고 있는 전남대 학생들의 모습, 당시 경찰과 대치하고 있는 전남대 학생들의 모습, 당시 전남대총학생회장 박관현과 서부경찰서장 김형수가 교문 사이에서 평화 집회에 대해 협의하고 있는 모습 등을 카메라에 담았다.(144p)

그는 지금 전남대학교 앞을 지날 때면 당시 박관현 열사의 목소리가 생생하게 들리는 듯하다고 말한다.

이 거대한 민족의 대열에 우리 대학인도 적극 동참, 민족의 민주재단의 희생물이 되기를 바라면서…. 노예와 같이 굴종 거리며 얽매여 살아야 하는 우리 국민이 이제는 민주화 시대를 맞이해서 동참하자고 하는 것에 대해 누가 반대하겠습니다. 여러분!

_박관현 열사의 연설 중에서

당시 전남대 학생회였던 이재의 씨는 이렇게 말했다.

5·18민주화운동 직전에는 제가 군대를 막 다녀와서 전남대학교 총학생회 일을 도와달라는 요청을 받고 총학생회

에 비밀기획실을 만들었어요. 유신체제가 붕괴하고 새로운 민주 질서를 만들자는 것이 당시의 최대 목표였어요. 시민들에게 우리가 생각하는 민주주의를 알리고자 했죠. '우리가 제안을 해보자'라고 해서 5월 15일에 집회를 시작하기 전에 당시 전남대학교 박관현 총학생회장하고 김형수 총경하고 협의했어요. "경찰이 협조해준다면 괜한 희생을 할 필요가 없잖습니까, 저를 믿고 한번 허락해주십시오. 평화적인 집회를 하겠습니다"라고 박관현 총학생회장이 말했어요. 그러면서 야간 집회, 횃불 집회를 하겠다고 하니까 김형수 총경이 "그러면 믿어드리겠습니다. 집회를 허용하는 대신, 불상사가 없도록 해주십시오. 혹시 문제가 생기지 않도록 경찰도 협조하겠습니다"라고 허가했어요.

_이재의(당시 전남대 3학년, 5·18기념재단 비상임연구위원)

나경택 기자는 5월 15일, 전남대 교수들과 학생들이 대형 태극기를 앞세우고 〈민족민주화대성회〉 참석을 위해 교문을 벗어나 금남로를 거쳐 전남도청 앞 분수대 광장으로 향하고 있는 모습을 촬영했다. 5월 16일에는 마지막 정부의 방침을 듣겠다며 도청 앞 분수대에서 집회

를 가진 대학생들과 시민들이 횃불 대행진을 위해 어둠을 밝히는 모습도 담았다.(143~144p)

5월 18일, 해가 떠오르면서 국가폭력의 만행이 본격화된다. 그날 오전 비상계엄이 전국적으로 확대되고, 전국 대학에 휴교 명령이 내려진다. 이를 미처 알지 못하고 학교로 향하던 전남대 학생들은 정문 앞에서 공수부대의 제지를 받으며 실랑이가 벌어진다. 공수부대원들은 학생과 교수할 것 없이 무차별적인 구타를 퍼부었다.

전남대 후문에서는 시내버스를 타고 가는 학생들이 후문을 지키고 있는 공수부대를 보고 차 안에서 "계엄군은 물러가라"라고 소리를 지른다. 이내 공수부대원들은 버스를 세우고 30여 명의 학생들을 닥치는 대로 구타하기 시작한다. 버스 밖으로 내몰린 학생들은 그대로 학교 안으로 질질 끌려 들어간다.

당시 광주지역 최초의 희생자는 농아였던 고(故) 김경철 열사다. 스물네 살이던 그는 대의동 공용터미널에 다녀오다가 공수부대원들에게 붙잡혀 곤봉과 군홧발로 구타당한다. 이유는 하나였다. 말을 하지 않는다는 것이었다. 그는 결국 트럭에 실려 근처 병원으로 후송되지

만, 상태가 심각해져 육군통합병원으로 옮겨진다. 하지
만 19일 새벽 3시경, 그는 결국 숨을 거두고 싸늘한 주
검이 되고 만다. 김경철의 어머니, 임근단 여사는 당시
를 이렇게 기억했다.

우리 오월의 엄마들은 봄이 오면 서러운 엄마예요. 봄이
되면 마음이 저도 모르게 서글퍼집니다. 우리 아들은 당시
스물네 살이었어요. 농아였습니다. 5월 19일에 둘째 아들
한테 전화가 왔습니다. 형이 집에 안 들어왔다고요. 경철
이가 귀가 잘 안 들리니까 말 안 해도 친구 집에 갔겠구나
했어요.

그때 통금시간이 7시였어요. '통금시간에 걸려서 말 못하
고 친구 집에서 잤겠구나' 그렇게 생각했는데 그때 제가
시내에 나와서 보니까 사람들이 속옷만 입고 분수대 앞에
서 벌을 받고 있고, 뭘 그리 잘못해서 그러는지, 군인들이
사람들을 곤봉으로 때리면서 트럭에 태우는 것을 제가 봤
어요. 아들이 안 들어오니까 계속 걱정하고 있는데, 그날
밤 전화가 왔어요.

어디냐고 하니까 적십자병원이래요. 경철이가 병원에 입

원해 있으니까 와보라고 했어요. 병원에 가서 "어디에 입원했냐?" 물어보니까 안 가르쳐줘요. 그때 어떤 남자 한 명이 와서 "저를 따라오세요"라고 했어요. 영안실이었지요. 영안실 서랍을 열면서 확인해보라고 흰 천을 걷었어요. '설마 아니겠지…' 했는데 우리 아들이더라고요.

_ 임근단(故김경철 열사의 어머니)

전일빌딩에서 찍은 참혹한 현장

광주 1호선 문화전당역 4번 출구로 나가면 민주 광장을 정면에 서 있는 하얀 건물 하나를 볼 수 있다. 전일빌딩245다. 전일빌딩245 전시실을 둘러본다. 사진과 영상, 조형물 등 5·18의 기록을 충실하게 담아내고 있다. 5월 19일과 20일에는 공수부대원들의 만행 소식이 퍼져나가면서 10만 명 이상의 시민들이 항거에 나섰다. 민중봉기 형태로 번져나가자 공수부대원들의 만행은 더욱 거세져 폭력을 넘어 학살로 이어졌다. 이때의 금남로 등은 그야말로 전쟁터를 방불케 했다. 나경택 기자는 취재 현장에 갈 때면 호주머니에 흑백필름을 가득 채웠

다. 목에는 80~200mm 카메라와 28~85mm 카메라 두
대를 매고 다녔다.

　나경택 기자와 건물 옥상으로 올라가 그날의 이야기
를 이어간다. 건물 아래로 옛 전남도청과 분수대를 품은
민주광장, 그리고 바로 옆 금남로가 보인다.

　아직도 생생하게 기억나지요. 광주 거리는 전쟁터였어요.
　그날 막 일요미사를 마치고 나오는 참이었는데, 최루가스
　한 덩어리가 코로 파고드는 거예요. 공수부대원들 사람들
　을 두드려 패댔죠. 저는 다음 날 19일 아침에 출근하자마
　자, 전남도청이 내려다보이는 이곳 전일빌딩으로 달려왔
　어요. 회사에서는 금남로가 잘 보이지 않거든요. 창가 쪽
　에 자리를 잡고 카메라 셔터를 누르기 시작했지요.

　　　　　　　　　　　　　_나경택(전 《전남매일신문》 사진기자)

　탱크 옆에 선 두 사람이 보인다. 한 명은 팔에 크로
스 완장을 찬 공수부대원이다. 그 옆엔 반항 서린 몸짓
에 고개를 떨군 한 시민이 서 있다. 남자의 옷엔 이미 핏
물이 번져 있다. 셔터 소리와 함께 시민은 쓰러져 이내

뷰파인더에서 사라진다.(146p)

그러나 나경택 기자의 이 사진은 신문에 단 한 장도 실리지 못했다. 군부가 18일부터 광주에 관련된 내용이 세상에 알려지지 않도록 보도를 통제했기 때문이다. 지역 언론사들뿐만 아니라 중앙언론사도 계엄사의 발표를 앵무새처럼 읊조릴 뿐이었다. 21일 이후로 광주는 철저하게 차단된 도시가 되었다. 광주로 들어오는 교통도 일절 차단되고 시외전화 등 모든 통신 또한 불통이었다.

광주시민들이 외부로부터 소식을 접할 수 있는 것은 오직 라디오와 TV뿐이었다. 이때 광주지방의 MBC와 KBS는 지역뉴스를 중단한 채 서울에서 보내오는 전파를 방송했다. 그런데 공영방송이 전하는 뉴스에 시민들은 더 분노했다. 모든 문제의 화살을 광주시민에게 돌렸기 때문이다. 뉴스는 온통 불순분자의 소행, 난동, 폭도, 유언비어, 북괴의 공작이란 단어들로 채워지고 있었다. 결국 광주시민들은 두 방송사를 향해 화염병과 돌멩이를 던지며 언론의 각성을 요구했다.

당시 《투사회보》(5·18민주화운동 당시 김영철과 윤상원 등 들불야학이 중심이 되어 만든 저항언론이자 대안언론)에서는 "KBS를 접수하여 방송을 통해 각지에 이 참상을 알리자"라고 할 정도로 언론에 대한 분노를 노골적으로 드러냈다.

마침내 20일 밤, MBC 사옥이 불에 타면서 방송은 중단됐다. KBS와 CBS도 공격받기는 마찬가지였다. 중앙언론지들도 광주항쟁의 참상과 진실을 가려둔 채, 치안 부재, 복면과 무장, 서민들의 불안, 간첩 체포 등을 집중적으로 보도함으로써 국민들에게 광주시민을 폭도로 둔갑시키는 결정적인 주범이 되었다.

외신에 전파된 광주의 참상

21일 이후에 외신에서는 광주의 참상이 전해지기 시작했다. 바로 나경택 기자의 사진이 결정적인 역할을 했다.

5월 19일, 나경택 기자는 찍은 사진들을 신문 인쇄해 하루빨리 세상에 내보내고 싶었다. 하지만 현실은 녹록지 않았다. 모든 언론의 보도 기능은 신군부가 정지한 상태였다. 그때 《전남매일신문》 사회부장이 문순태 소설가였다. 독일 유학 경험 탓이었을까? 지금 광주의 상황은 해외언론을 통해 세상에 먼저 알려야 한다고 했다. 나경택 기자는 외신기자들에게 보낼 10장 정도의 사진을 추렸다. 그 사진을 건네받은 사람이 UPI(United Press International. 국제합동통신사)의 정태원 사진기자였다. 그는 7년 후인 1987년 6월, 민주항쟁 당시 '이한열 열사의 피격 장면' 사진을 찍은 장본인이기도 하다.

저는 5월 19일 UPI 소속 외신 사진기자로 서울 사무소에 있었어요. 나 기자가 찍은 사진은 눈으로 보고도 믿기 힘든 장면들이 담겨 있었지요. 사진 중에서 위생병 한 명이 청년에게 곤봉을 휘두르는 사진이 눈에 띄었습니다. 그런데 뭔가 아쉬웠어요. 피사체가 너무 멀리 잡혀 있었거든요.(147p)

_정태원(전 UPI 사진기자)

정태원 기자는 극적인 상황을 보여주기 위해 나경택 기자의 원본 사진을 다시 한번 자신의 카메라로 찍었다.

피사체를 더 큰 사이즈로 당겨 청년이 처한 상황을 더 강조하고 싶었다. 현상 후 바로 미국 본사로 보냈다. 영화 〈택시운전사〉로 잘 알려진 독일 제1공영방송의 위르겐 힌츠페터 기자는 당시 일본에서 소식을 접하고 20일 저녁 광주에 도착했다. 그 외 대부분의 외신기자는 나경택 기자가 찍은 사진을 전달 받은 뒤인 21일부터 광주로 들어오기 시작했다.

나경택 기자와 같이 당시를 기록한 사진기자들의 가치는 역사가 증명하고 있다. 목숨을 걸고 카메라를 들어야 했던 그들의 사진이 없었다면 5·18 광주의 진실이 세상에 알려지는 데 더 긴 시간이 걸렸을 것이다.

민주광장 분수대 앞, 집단 발포의 시작

1980년 5월 21일 오후 1시경, 금남로를 가득 메운 시민과 학생들에게 공수부대원들은 집단 발포를 자행했다. 총성이 울리기 시작하자 시민들은 하나둘 쓰러져 갔다. 흩어진 시민군은 예비군 무기 등을 획득하고 시내에 진입했다. 시민군이 전남도청을 점령하자 군인과 전

경들은 시내에서 철수하고 외곽을 철저하게 봉쇄한 뒤
외곽지역을 오가는 시민들을 향해 총을 쏴댔다. 철저한
양민 학살이었다.

나경택 기자는 그날 낮 12시 45분경 집단 발포 명령
장면을 목격했다. 그의 증언은 귀하다. 지금도 '발포명
령자는 누구인가'에 대한 진실이 미궁에 빠져 있는 상
황이기 때문이다.

그때 저는 도청 정문 앞까지 밀린 공수부대원 속에 있었어
요. 그 난리통에서 눈에 들어온 대위 한 명이 있었는데, 통
신병에게 소리를 치더군요. "발포 명령 어떻게 된 거야?
아직도야?" 하면서 재촉하더라고요. 그때 이름표를 봤습
니다. '차정환'이라고 쓰여 있었어요. 그렇게 10여 분이 흘
렀을까요. 통신병이 소리쳤습니다. "발포명령 떨어졌습니
다!" 그렇게 시민들을 향한 발포가 시작된 거예요. 저는 혼
비백산이 되어서 도청 안으로 피했고요. 그런데 아직도 그
때를 생각하면 마음이 무너집니다. 어떻게든 현장에서 카
메라 셔터를 더 눌러야 했어요.

_나경택(전 《전남매일신문》 사진기자)

그는 당시 집단 발포의 참혹한 피해 현장을 제대로 담지 못한 자신을 평생 탓하며 살고 있다. 훗날 차정환 대위를 찾았지만, 그 또한 5월 24일 송암동에서 발생한 계엄군 간 오인사격으로 사망했다는 소식만 접한다. 발포명령자에 대한 증언을 듣고 싶었던 나경택 기자의 바람이 누구보다 컸기에 참담한 마음이 앞섰다.

집단 발포 직후, 나경택 기자는 도청 안으로 밀려들어 갔다. 이미 안에는 일본 AP통신 미카미 기자와《동아일보》황종건,《중앙일보》이창성 기자 등 중앙지 기자들 5명이 있었다. 취재 현장에서 한 번쯤 얼굴을 마주했던 기자들이었다. 순간 시선이 모두 나경택 기자를 향했다. 공수부대를 피해 촬영을 이어갈 장소를 찾아야 했다.

그는 기자들을 데리고 도청 담장을 넘었다. 건너편 대도여관 5층 옥상에 올라가 자리를 잡고 시내 상황을 살폈다. 저 멀리 부상 당한 시민을 힘겹게 옮기고 있는 몇몇 시민 무리들이 보였다. 카메라를 들어 셔터를 몇 번 누를 때였다. 머리 위로 군 헬기 하나가 날아들었다. 얼른 보니 기자들을 향해 총을 겨누고 있었다. 놀란 기자들은 카메라를 흔들어 보이며 살려달라고 외쳤다. 시민군이 아니라는 걸 확인해서였을까. 헬기는 유유히 사라졌다. 다시 여관방으로 내려왔다. 그때 계엄군은 시민군처럼 보이는 사람만 봐도 총을 쏴 죽이곤 했다.(149p)

21일 늦은 오후, 나경택 기자는 대도여관에서 나와 친구 한 명과 함께 호남동성당으로 향했다. 성당 안 2층에서 하룻밤을 보낸 뒤, 22일 아침이 밝았다. 그에게 수녀님은 천으로 된 시장바구니 하나를 건넸다. 카메라를 숨기고 부디 조심히 취재를 이어가라는 암묵적인 응원이었다. 그렇게 다시 도청 앞에 나와보니 도청건물 옥상에 조기가 처음으로 걸려 있었다. 시민들의 죽음에 애도의 뜻을 표하는 조기가 깃봉에서 휘날리고 있었다. 그는 바로 카메라를 들고 셔터를 눌렀다. 그 순간 시민들의 항의 소리가 들려왔다. 잔뜩 겁에 질려버린다.

당시 기사 한 줄, 사진 한 장 제대로 내보내지 못하는 국내 기자들은 시민들에게 이른바 '죽일 놈' 취급을 받고 있었다. 이와 반대로 외국 언론에는 광주의 참상이 하나둘 퍼지기 시작했기에 어쩌면 너무나 당연한 반응이었다.

　지금의 옛 전남도청과 민주광장은 ACC국제아시아
문화전당으로 새롭게 조성되어 많은 시민의 역사문화
공간으로 탈바꿈했다. 시민들은 이곳에서 커피를 마시
고 한낮의 여유를 누린다. 한 무리의 청소년들은 스케이
트보드를 타며 젊음을 만끽한다. 1980년 5월의 광장 모
습과 상반되는 풍경이지만, 그때나 지금이나 이 공간을
채우고 있는 사람이 광주시민인 것에는 변함이 없다.

　1980년 5월 22일부터 26일 사이는 광주시민들의
공동체 의식으로 버텨낸 시간이었다. 광주 어머니들의
주먹밥으로 끼니를 이어갔다. 광주를 직접 지키기 위해
뭉친 시민군들의 수도 증가했다. 시민군은 주먹밥을 광
주시민의 소중한 피라고 생각했다. 당시 어머니들은 시
민군과 학생들뿐만이 아니라 군인, 경찰에게도 주먹밥
을 건넸다. 그것이 바로 대동 정신이었으며 광주 어머니
들의 사랑이었다. 그렇게 광주는 '밥상 공동체'를 만들
었고, 시민과 시민군은 반드시 광주와 민주주의를 지켜
야 한다는 피로 맺어진 약속을 한 것이다. 이러한 밥상
공동체의 귀중한 경험은 향후 광주공동체 정신으로 빛
나게 되었다.

주검으로 가득 찬 전남도청

1980년 5월 23일, 시민들은 계엄군의 집단 발포에 경악하고 무장이 필요하다고 깨달았다. 시민들은 광주에서 가까운 화순과 나주, 담양의 예비군 무기고 등에서 총을 구했다. 대부분 오래되어 고장나거나, 사용이 의심스러운 무기들이지만 마음을 든든하게 해주었다. 시민들은 이렇게 무장한 시위대를 '시민군'이라고 불렀다.

계엄군의 만행으로 전남도청 건물 주변과 상무대 안은 어느새 시민들의 주검으로 가득 찼다. 대부분의 시신은 망월동 묘로 옮겨졌고 보통 '청소차'에 운반되는 경우가 많았다. 당시 시체 운구 반장 역할을 했던 김순호 씨의 증언은 처참했던 현장 상황을 말해준다.(149~150p)

저는 그때 스물일곱 살이었습니다. 당시 무등극장 앞에서 구두를 닦으며 공부했어요. 일을 하며 미래를 꿈꾸던 평범한 청년이었지요. 어느 날 눈앞에서 처참한 광경을 목격했습니다. 시민이 공수부대한테 맞아서 죽었는데 분노하지 않을 수 없잖아요! 사람이 죽었는데…. 억울하게 죽은 시민들의 시신을 계속 보다 보니까 손이 가고 만져졌어요.

적십자병원에서도 희생자들을 모셔 오고 전남대병원에서
도 모셔왔어요. 신원을 확인해야 해서 관을 반 정도 열어
놓습니다. 그런데 시신이 많이 부패됐었어요. 가족의 시신
을 찾으러 도청에 온 유가족들의 눈물이 마를 날이 없었지
요. 처참했어요. 그때는 시신이 부패돼서 냄새난다는 생각
을 안 했어요. 저를 도왔던 모든 분이 고생 많이 했어요. 저
는 아직도 도청을 잘 바라보지 못합니다. 그때 저만 살아
남은 게 죄스러워요. 평생 한이 됐지요. 심장을 도려내는
듯한 아픈 기억을 평생 짊어지고 살아가고 있어요.

_ 김순호(당시 시체 운구 반장 역할, 구두닦이 청년)

1980년 5월 27일 새벽 4시~7시 사이, 최후의 항쟁
이 벌어졌다. 계엄군은 도청을 향해 쳐들어왔다. 계엄군
에 맞서 끝까지 도청을 지킨 시민은 157명이다. 당시 윤
상원 열사 등 15명이 총상을 입고 사망했다.

그날 아침, 전남도청으로 달려간 나경택 기자의 눈
에 비친 모습은 지옥이었다. 서로 얽혀 있는 시신들의
모습을 바라보다 다리에 힘이 풀려 순간 주저앉고 말았
다. 한참을 넋을 놓고 있다 겨우 정신을 차리고 일어났

다. 군인들이 역사의 진실을 훼손하기 전에, 서둘러 카
메라에 이 참상을 기록해야 했다.

　그날 새벽, 계엄군의 도청 진압으로 죽임을 당한 시
민들의 시신들 속에는 교련복을 입은 중고등학생들의
모습도 보였다. 도청에서 신원이 확인된 시신들은 관에
담아 상무관으로 옮겨졌다. 시민들은 사람들을 찾아내
수습하고 '민주 시민장'으로 장례를 치렀다. 관을 만들
판재가 부족하여 베니어판으로 만든 관이 사용되기도
했다. 집에 돌아오지 않는 형제, 가족을 찾는 사람들이
상무관으로 모여들었다. 상무관은 연일 울음바다가 되
었다.(152p)

국립5·18민주묘역, 두렵고도 아픈 역사 공간

　1980년 5월 19일 오후를 기점으로 임시휴업을 공
고했던 광주의 초·중·고등학교들은 31일 자로 휴교령
이 해제됐다. 나경택 기자의 아내는 당시 광주의 한 초
등학교 교사였다. 교실에서 아이들을 만났다. 5월의 참
상을 직접 목격하고 견뎌낸 아이들의 얼굴은 더 이상

해맑을 수 없었다. 교사로서 교단에 선 그의 아내 또한 비통함에 학생들의 눈을 마주할 수 없었다. 그는 그날 어느 한 학생이 던진 질문이 지금도 마음속 깊이 사무친다고 했다.(153p)

"선생님, 우리 군인들은 언제 오나요?"

분노가 가득한 침묵이 광주를 뒤덮었다. 살아남은 사람들은 손과 발목이 묶인 채 상무대로 끌려갔다. 죽은 자들은 대부분 망월동 묘역으로 옮겨졌다. 당시 가족과 친지들은 분노에 떨며 훼손된 주검을 손수레에 싣고와 이곳에 묻기도 했다. 죽은 자는 말이 없었고, 산 자는 가족을 잃은 슬픔에 오열했다.

유족들 모습을 하나하나 카메라에 담았습니다. 평생을 살면서 가장 많은 눈물을 쏟아낸 것 같아요. 눈물이 앞을 가려 피사체가 흐려질 정도였으니까요. 지난 2주가 악몽 같이 떠올랐어요. 도대체 이 사람들이 무슨 큰 잘못을 했길래 이런 아픔을 겪어야 할까, 생각했습니다.(154p)

_나경택(전 《전남매일신문》 사진기자)

1980년 5·18 광주 민주화운동 이후 43년이 흐른 지금, 나는 국립5·18민주묘지 앞에 서 있다.

"선생님, 우리 군인들은 언제 오나요?"

학생들의 이 말이 귓가에서 떠나질 않는다. 1980년 5월 광주에는 우리 국민을 지키기 위한 군인은 없었다. 돌이켜보는 것만으로도 두렵고 가슴 아픈 역사다. 절대 반복되지 말아야 할 뼈아픈 역사다.

1980. 5. 8. 전남대학교 정문을 사이에 두고 전남대학생들과 경찰들이 대치하고 있다.

1980. 5. 8. 박관현 전남대총학생회장과 김형수 서부경찰
서장이 교문을 사이에 두고 평화 집회를 합의하는 대화를
나누고 있다.

1980. 5. 15. 전남대 교수들과 학생들이 대형 태극기를 앞세우고 〈민족민주화대성회〉 참석을 위해 전남도청 앞 분수대 집회장을 향해 행진하고 있다.

1980. 5. 16. 대학생들과 시민들이 도청 앞 분수대에서 횃불 대행진 집회를 하며 민주화를 기원하고 있다.

1980. 5. 19. 젊은 남녀가 금남로2가를 지나다, 공수부대가 휘두른 곤봉에 머리를 맞아 피 흘린 채 끌려가고 있다.

1980. 5. 19. 무장 장갑차를 끌고 온 계엄군 앞에서 시민이 무릎 꿇고 빌고 있다.

1980. 5. 19. 도로에서 끌려온 한 시민은 공수부대에게 끌려와 페퍼포그 차량 옆에 선다. 십자 완장을 찬 위생병마저 저항할 의지조차 없는 학생을 곤봉으로 힘껏 내려치고 있다.

1980. 5. 20. 광주 택시 200여 대와 버스 11대가 시민들과 함께 금남로에서 차량 시위를 벌이고 있다.

1980. 5. 20. 서너 명의 공수부대원이 시민 한 명을 벽에 몰아 놓고 곤봉으로 위협하고 있다.

1980. 5. 21. 공수부대원들의 집단 발포가 있기 직전, 수만 명의 시민이 금남로에서 공수부대원. 경찰과 대치하고 있다.

1980. 5. 21. 발포 명령 이후, 전남도청 쪽에서 군용헬기가 전일빌딩 앞을 선회하고 있다. 현재 전일빌딩 외벽에 당시의 총 상흔을 그대로 남겨 그날의 흔적을 간직하고 있다.

1980. 5. 23. 계엄군들이 광주 시내에서 물러난 뒤 태극기와 각목 등을 든 시민들이 트럭을 타고 도청으로 향하고 있다.

1980. 5. 24. 전남도청 안으로 '시체운반' 군용 차량이 들어오자 이를 수많은 시민이 지켜
보고 있다.

1980. 5. 25. 전남도청 건물 주변에 수많은 시신과 관이 놓
여 있다.

1980. 5. 25. 시민들이 사라진 가족을 찾아 전남도청 안으로 들어오고 있다.

1980. 5. 27. 새벽, 계엄군의 도청 진압으로 죽임 당한 시민들의 시신이 땅바닥에 서로 얽혀 있다.

1980. 5. 27. 시민들은 스스로 장례위원회를 만들어 염한 시신을 관에 넣고 태극기를 둘러 상무관 안에 가지런히 배열해놓았다.

1980. 5. 19. 광주대동고등학교(좌). 5월 19일 오후3시를 기점으로 임시휴업에 들어간다는 공고가 정문 앞에 게시되어 있다.

1980. 5. 30. 광주서석초등학교(우). 5월 31일부터 정상수업을 실시한다는 게시물을 학생들이 바라보고 있다.

1980. 6. 2. 무등중학교(상), 수피아여자중학교(하). 친구를 잃은 학생들이 주인을 잃은 빈 책상 위에 올려진 하얀 꽃을 보며 슬픈 표정을 짓고 있다.

1980. 5. 29. 120여 명의 장례식이 거행된 이날 이후, 망월동 묘역은 5·18 광주 민주화운동을 의미하는 상징적인 장소가 되었다.

1980. 5. 29. 망월동묘역 관 앞에서 오열하는 '오월의 어머니'.

'악의 평범성'

남영동 대공분실(민주인권기념관)

'고문 공장'을 찾아서

남영역에 가면 바로 앞에 무미건조한 검은색 건물 하나가 우두커니 서 있다. 2022년 민주인권기념관으로 개관한 '남영동 대공분실'*이다. 1976년 치안본부(지금의 경찰청)가 대간첩 수사를 위해 만든 매우 유감스러운 공간이다.

이 건물은 《뉴욕타임스》가 선정한 '서울의 로렌츠' 한국 현대건축의 거장 김수근(金壽根, 1931~1986)이 설계했다. 그는 한국을 대표하는 천재 건축가지만 박정희 정권부터 전두환 정권까지 국가적인 건축 프로젝트를 수행했던 인물이기도 하다. 워커힐(1961), 세운상가(1966), 올림픽주경기장(1977), 서울지방법원 청사(1984) 등이 그의 대표작이다.

그런데 일명 '고문 공장'이라 불린 남영동 대공분실의 설계자가 김수근이라는 사실이 세상에 알려진 것은 2000년대 중반의 일이다. 당시 언론 보도를 통해 이 사

---

* 2005년 경찰청 인권센터로 이름을 바꿨다. 2008년 4층과 5층에 박종철 기념 전시실을 개관하여 일반인들의 방문을 허용했다. 2022년부터 민주인권기념관으로 개장 후 사용되고 있다.

실이 알려지자, 그의 제와 지인들은 당혹스러웠다. 바로 항변에 나섰다.

"건물 자체를 두고 시비를 논해서는 안 된다."

"건물을 악용한 사람들에게 있다."

김수근은 과연 이 건물의 용도를 모르고 설계에 응했을까? 그 진실은 그의 죽음과 함께 묻혔다.

고문의 공포 극대화한 공간

건물 앞에 서기만 했는데도 왠지 모를 음산한 기운에 주눅이 든다. 검은 벽돌로 뒤덮인 외벽을 올려다본다. 이내 5층 창문에 시선이 멈춘다. 성냥갑 모양의 사각 창이 외부로 돌출되어 가지런히 배치되어 있다.

'왜 5층 창문만 다른 모양을 하고 있을까?'

원래 5층짜리 건물로 설계된 남영동 대공분실(1983년 2개 층을 증축해 현재 7층 건물이 되었다)은 다른 수사기관과 달리 조사실을 지하에 두지 않고 맨 꼭대기에 두었다. 조사실마다 2개씩 설치된 세로 창의 폭은 20센티미터 정도로 사람의 머리도 통과할 수 없는 크기다. 외부로부터 고문을 은폐하기 위해 계획적으로 제작된 창문이다.

남영동 대공분실은 고문의 공포를 극대화하기 위해 치밀하게 계산해 세운 건물이다. 이곳에 끌려온 사람들은 주출입구가 아닌 후문으로 들어와 원형 계단을 통해 5층 취조실로 이동했다. 검은 천으로 눈이 가려진 채 원형 계단을 올라가게 되면, '여기가 도대체 몇 층짜리 건물인지, 내가 지금 몇 층으로 끌려가고 있는지' 전혀 알 수가 없다. 끌려 올라가는 순간부터 공포는 극에 치닫는다. 각 방은 약 4평(13.22제곱미터) 크기로 욕실, 침실, 취조실을 한 공간에 모아놓았다. 애초에 조사와 고문이 한 번에 이뤄질 수 있도록 만들어놓은 치밀한 구조다.

당시 이 공간을 겪은 사람들의 증언을 들어보면, 조사를 받다가 잠시 쉬는 시간에도 또 언제 고문을 받게 될지 모르는 극도의 공포에 시달렸다고 한다. 외부와 철저히 단절된 공간에서 느끼는 심리적 압박은 감히 상상조차 할 수 없는 감정이다.

좁은 창문을 통해 건너편 전철역을 내려다본다. 전철 안 평범한 일상과 대조되는 공간, 그 안에서 자행된

무자비한 폭력은 어느 정도였을까.

눈을 가렸습니다. 머리와 가슴, 사타구니에는 전기고문이
잘되게 하기 위해 물을 뿌리고, 발에는 전원을 연결시켰습
니다. 처음엔 약하고 짧게 점차 강하고 길게 강약을 번갈
아가면서 전기고문이 진행되는 동안 죽음의 그림자가 코
앞에 다가왔습니다.

_ 김근태, 《남영동》, 중원문화, 1987

1985년 9월 4일 새벽 5시 30분, 얼굴에 검은 천을
뒤집어 쓴, VIP라 불리는 남자를 태운 승용차가 한 건물
앞에 멈춰 선다. 바로 민주화 운동의 산증인, 김근태(金
槿泰, 1947~2011)였다. 이곳에서 보낸 시간은 그의 인생
에서 결코 잊을 수 없는 사건으로 남게 된다. 그야말로
잔혹한 인권유린의 현장이었다. 22일간 그는 매일 5시
간 이상 전기고문과 물고문을 견뎌야 했다.

"죽음의 그림자가 드리울 때마다 아우슈비츠를 떠
올렸다."

그의 저서에 담긴 문장 하나가 문득 머리에 스친다.

한 인간의 정신과 육체를 파괴하는 고문기술자들을 보면서 김근태는 한나 아렌트의 '악의 평범성'*을 떠올리지 않았을까?

그들은 고문을 하면서 "시집간 딸이 잘사는지 모르겠다" "아들놈이 체력장을 잘 치렀는지 모르겠다"는 등 자신의 가족에 대한 애정 어린 말들을 주고받았으며 본인에게도 이야기를 했습니다. 어떻게 이처럼 고문과 폭력적 행위를 자행하는 자들이 개인의 가족에게는 인간적인 사랑을 줄 수 있단 말입니까?

_ 김근태, 《남영동》, 중원문화, 1987

탁하고 치니 억하고 죽었다

1987년 1월 14일 대공분실 509호. 서울대 언어학과

---

*　Banality of Evil. 독일계 미국인 정치철학자 한나 아렌트가 1963년에 쓴 《예루살렘의 아이히만》에서 제시한 개념. 나치에 의한 유대인 학살은 상부의 명령에 순응한 평범한 사람들이 이를 당연하게 여기고 행한 것으로, 평범한 사람들에 의해 자행된 일도 사회 시스템 안에서 악이 되어 만연할 수 있다는 것이다.

3학년이었던 박종철은 이곳에 들어온 지 하루 만에 물고문으로 사망한다. 대학문화연구회 선배이자 민주화추진위원회 지도위원으로 수배 중이던 박종운의 소재 파악을 위해 참고인 신분으로 조사를 받던 중이었다. 경찰은 초기 발표에서 책상을 "탁하고 치니, 억하고 죽었다"고 말하며 터무니없는 주장을 폈다. 사망원인도 심장 쇼크사로 졸속 처리했다. 하지만 모두 거짓이었다. '박종철은 공안당국의 물고문으로 숨졌다'는 진실이 세상에 알려진 데는 언론의 역할이 컸다.

그 어느 때보다 서슬 퍼런 보도지침과 언론탄압이 심했던 시대였다. 그럼에도 불구하고 진실을 향한 기자들의 추적은 막을 수 없었다. 《중앙일보》신상호 기자는 사건이 인지하자마자 진상을 파헤치기 시작했다. 첫 특종은 1987년 1월 15일 사회면 2단 기사였다. 기사 제목도 경찰 주장대로 "쇼크사"였다. 제목을 "쇼크사"로 썼지만, 경찰의 발표에 대한 인용부호인 따옴표를 붙여 의문점을 남겼다. 당시 신문 헤드라인의 인용부호("")는 그 쓰임에 무게감이 있었다. 여기에 '박종철 군이 경찰의 가혹행위로 인해 숨졌을 가능성에 대해 검찰이 수사

중'이라는 문장도 포함시켰다. 기자는 구타와 고문의 가능성에 대해 합리적인 의심을 기사에 남긴 것이다. 하지만 '고문'이라는 단어는 쓰지 않았다. 사실을 입증할 자료가 없었기 때문이다. 그 증거를 찾은 것은 《동아일보》 윤상삼 기자였다.

그 또한 처음부터 이 사건을 대서특필하며 진실을 밝히기 위해 끈질긴 취재를 이어갔다. 당시 박종철의 시신을 최초로 검안한 오연상 내과의사와의 인터뷰를 통해 중요한 증언을 받아냈다. 의사의 입을 통해 제기된 '고문치사 가능성'이 보도되자, 국민들은 사건의 진실에 더 가까이 다가갈 수 있었다. 비열한 경찰의 속내를 알아차린 국민들은 분노했다. 거리로 나와 진실 규명을 목놓아 외쳤다. 박종철 열사의 고문치사 사건은 한국 민주화 운동의 분수령이 된 1987년 6월 민주항쟁의 기폭제가 되었다.

대공분실 509호에 놓인 사진액자를 가만히 바라본다. 박종철 열사의 앳된 모습이 너무 애처롭다. 이 좁은 공간에서 벌어진 만행들이 필름의 장면들로 모아져 눈앞에 펼쳐진다. 마음이 괴로워 심장이 요동친다. 겨우

스물한 살의 대학생이 견디기엔 너무나 잔혹하지 않은
가!

　　우리 아이가 익사했다.

　　다음은 내 차례, 네 차례

　　우리마냥 포기당할 것인가.

　　우리 인간임을 스스로 지켜야 한다.

　　더 이상 맹수가 설치는

　　원시림으로 방기하지 말자.

　　우린, 우리가 인간이기에 인간다운 세상을 만들어 가자.

_ 이한열, 헌정시 〈박종철〉

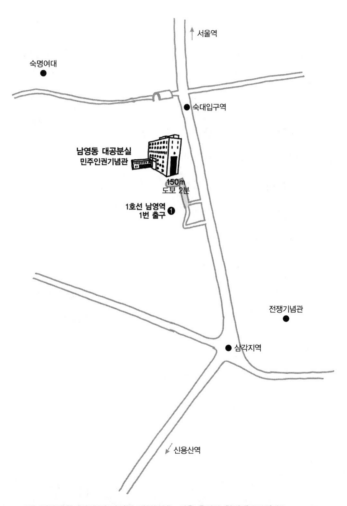

📍 남영동 대공분실

서울역

숙명여대

숙대입구역

남영동 대공분실
민주인권기념관

150m
도보 2분

1호선 남영역
1번 출구 ❶

전쟁기념관

삼각지역

신용산역

◈ **민주인권기념관(전 남영동 대공분실)** 서울 용산구 한강대로71길 37

6월 민주항쟁, 그날의 기억

연세대학교

6월 민주항쟁의 현장

신촌역에서 나와 현대백화점 방향으로 10여 분을 걷는다. 저 멀리 연세대학교 정문이 보인다. 차를 타고 오가다 자주 봤던 대학교 앞 풍경이다. 정문 앞에 다다르니 바닥에 동판 하나가 놓여 있다.

1987년 6월 9일 오후 5시,

당시 연세대 2학년이었던 이한열 열사가

최루탄을 맞고 쓰러진 이곳,

유월민주항쟁의 불꽃이 피어올랐다.

_ 2016년 6월 9일 이한열기념사업회

이한열은 연세대 경영학과 2학년이었다. 1987년 6월 9일, 6·10항쟁을 하루 앞둔 그날, 정문 앞 시위대열에 서 있었다. 학우들과 함께 "호헌철폐, 독재타도"를 목 놓아 외쳤다. 그때였다. 경찰이 쏜 최루탄 하나가 그의 머리를 강타했다. 피를 흘리며 쓰러진 그를 일으켜 세운 건 당시 연세대 도서관학과 2학년의 이종창이었다. 그는 당시의 상황을 또렷하게 기억하고 있다.

그날도 학생들이 정문 앞으로 나와서 구호를 외쳤어요. 최
루가스로 뿌연 상태에서 오른쪽으로 뛰어가는데… 왼쪽
에 뭔가 사람 같은 형상이 보이는 거예요. 한 서너 걸음 가
서 보니까 학생이 쓰러져 있었어요. 그래서 바로 일으켜
안았죠. 그런데 전경이 막 뛰어 들어오는 거예요. 그때 저
는 다른 생각이 나지 않았어요. '빨리 전경들로부터 안전
한 곳으로 이 학우를 옮겨야 되겠다'는 생각뿐이었어요.

_이종창(당시 연세대 도서관학과 2학년)

이종창을 시작으로 학우들은 이한열을 건네받고 품
에서 품으로 연결해 학교 옆 세브란스 병원까지 옮겼다.
머리에서 피를 흘리고 있는 이한열의 모습을 본 학생들
은 혼비백산이 되어 여기저기 상황을 알리기 시작했다.
당시 연세대 총학생회장이었던 우상호는 뒤늦게 이 소
식을 듣게 된다.

9일 오후 5시 30분쯤, 병원에서 누가 뛰어왔어요. 학생 한
명이 의식을 잃고 쓰러져서 병원에 있다고, 그 말을 듣자
마자 저도 병원으로 뛰어갔어요, 그때 의사 선생님이 '쉽

게 회복되지 않을 것 같다'고 하며 '가족에게 연락해라'라
고 했고요. 그때부터 참 암담했죠.

_우상호(당시 연세대 총학생회장)

한편 이종창도 6월 14일 집회 현장에 다시 나갔다가
전경이 던진 돌에 머리를 맞고 크게 부상을 당했다.

머리 수술을 하고 중환자실에 있었어요. 수술 후 정신이
들었어요. 저희 부모님이 다녀가시고 좀 이따가… 조금 뒤
한열이 어머님이 제 쪽으로 오셨어요. '옆에 한열이 누워
있다고…' 그때 중환자실에 한열이랑 같이 있다는 걸 알았
어요. 그렇게 며칠이 흐르고, 어느 날 새벽에 눈을 떴는데
블라인드로 창문을 다 가려놨더라고요. 분위기가 좀 이상
했어요.

_이종창(당시 연세대 도서관학과 2학년)

1987년 7월 5일 새벽 2시 5분, 모든 국민의 염원
을 뒤로하고 27일간 사경을 헤매던 이한열은 끝내 세
상을 떠났다. 같은 해 1월 박종철에 이은 이한열의 죽

음에 시민들의 분노는 극에 달했다. 너나할 거 없이 거리로 나와 더 강력한 비판의 목소리를 내기 시작했다.

1987년 7월 9일 연세대 교정에서 이한열의 영결식이 치러졌다. 그가 최루탄을 맞고 쓰러진 지, 딱 한 달째되는 날이었다. 수많은 인파가 교정을 메웠고 장례행렬은 시청까지 이어졌다.

> 그때 연세대 교정이 인파로 가득 찼고 함께 대성통곡하는 장례식이 눈앞에 펼쳐졌어요. 그렇게 이어진 장례 행렬이 시청까지 가는데 사람들의 참여가 더해지더라고요. 시청 앞 광장을 빼곡하게 메웠지요. 운구행렬 선두에 서서 지나가려고 하는데 들어갈 틈이 없을 정도였으니까요.
>
> _ 우상호(당시 연세대 총학생회장)

당시 대학생들의 분신과 시위를 선동했다는 이유로 감옥에 갇혔다가 전날 출소한 문익환 목사도 장례식을 찾았다. 그는 민주화운동으로 세상을 떠난 민주열사들의 이름을 한 명 한 명 목청껏 불렀다. 광장에 모인 100만 시민들이 함께 통곡했다. 그렇게 많은 시민들이 민주주

의를 염원했고, 이한열이라는 평범한 대학생의 죽음을
함께 애도했다. 역사란 권력으로 조작하고 돈 주고 살
수 없다는 것을 시민들은 광장 안에서 함께 외치고 있었
다. '나와 같은 생각을 하는 사람들이 이렇게 많구나. 우
리가 모이면 바뀔 수 있구나. 역사의 주인은 다른 사람
이 아닌 바로 나 자신이구나'를 모두가 깨닫고 있었다.

> 미치도록 이 세상을 살고 싶소.
> 조각조각 내 몸과 마음이 산산이 부서진다 해도
>
> _이한열, 시 〈한 알의 씨앗이 광야를 불사르다〉 중에서

어머니가 살았던 민주화운동의 삶

연세대 정문을 뒤로 하고 백양로를 따라 학교 안으
로 들어간다. 도서관 건너편 언덕 위에는 이한열의 넋을
기리는 공간이 조성되어 있다. 연세대 교정의 중심부 자
리한 '이한열 추모비'다. 추모비 앞에 서서 연세대 교정
을 바라본다. 이한열의 삶, 민주화 투쟁, 그리고 그의 마
지막 죽음까지 이 모든 공간을 한눈에 담을 수 있는 장

소다.

이한열이 만화동아리 활동을 했던 학생회관과 6월 9일 집회를 하던 도서관 앞 민주광장, 선후배, 동기들과 함께 시위를 하며 걸었던 백양로, 피격당한 후 학우들에게 안겨 병원으로 실려 갔던 길, 그리고 입원해 있던 병원의 중환자실까지, 추모비에 서서 한 바퀴를 돌면 이 모두가 훤히 내려다보인다. 지금 우리가 누리고 있는 민주주의는 수많은 청춘들의 희생과 그 가족들의 상처로 완성되었다.

2022년 1월 9일, 밝은 새해를 맞이할 겨를도 없이, 안타까운 소식이 들려왔다. 이한열 열사의 어머니 배은심 여사의 부고였다. 자식을 마음에 묻은 어머니의 삶은 애통하고 한스러웠다. 배은심 여사는 그 슬픔을 녹여 평생을 민주화운동과 인권운동에 헌신했다. 그는 시위나 집회가 열리는 곳이라면 어디든 자리를 지켰다. 1998년에는 422일간의 국회 앞 천막농성을 강행해 민주화운동보상법과 의문사 진상규명에 관한 특별법 제정을 이끌어내기도 했다. 2009년에는 용산 참사 소식을 듣고 용산범대위 공동대표를 맡아 유가족을 위해 전심전력

을 다했다. 그는 매순간 어떤 마음으로 집회현장에 섰을
까. 그 마음을 조금이나마 헤아리는 노력이 지금 우리가
그에게 표할 수 있는 가장 값진 도리일 것이다.

다시는 민주주의를 위해 삶을 희생하고 고통 받는
가족들이 생기지 않는 나라가 됐으면 한다.

_ 배은심, 〈33번째 6월 10일에 보내는 편지〉 중에서

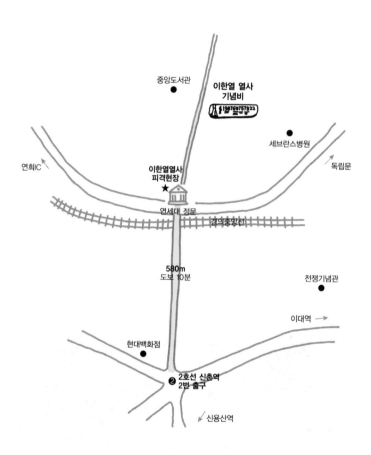

📍 연세대학교

중앙도서관 ●

이한열 열사
기념비

세브란스병원 ●

연희IC

독립문

이한열열사
피격현장
★

연세대 정문

경의중앙선

580m
도보 10분

전쟁기념관 ●

이대역 →

현대백화점 ●

2호선 신촌역
2번 출구

↙ 신용산역

♻ **연세대학교 [정문 '이한열 열사 피격 장소 동판' / 이한열 추모비]**
서울 서대문구 연세로 50

기지촌 여성들의 마을

동두천 턱거리마을

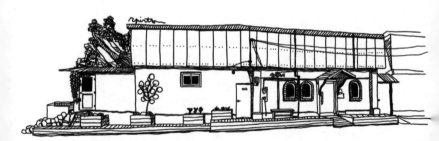

동두천 기지촌의 흔적

1호선 동두천중앙역에서 나와 60번 마을버스로 갈아타고 광암동파출소 정류장에서 내린다. 5분 정도 걷다 보면 을씨년스러운 마을 초입에 다다를 수 있다. '턱거리마을'이라고 쓰인 문자 조형물이 보인다.

'여기서부터 턱거리마을인가보네.'

지금은 인적 드문 쓸쓸한 골목이지만, 한때는 번화한 기지촌으로 이름을 날렸던 동네다. 간판들 속에 서려 있는 과거 기지촌의 흔적들은 여전히 남아 있다. 골목 끝 막다른 곳에 옛 미군기지 캠프 호비(Camp Hovey)가 있다. 주한 미군 육군의 제1지역 군영이었다. 2019년 12월 동두천시에 토지가 반환되면서 주둔하고 있던 부대는 경기도 평택 일대의 캠프 험프리스(Camp Humphreys)로 이전했다.

철망이 늘어선 담벼락을 따라 5분 정도 더 걸어간다. 부대가 내려다보이는 나지막한 언덕 하나가 눈에 들어온다. '순자 레이놀즈'라고 쓰인 비석과 함께 작은 무덤 하나가 덩그러니 놓여 있다. 한국 이름 '박순자'는 기지촌에서 일하던 여성 중 한 명이었다. 팻말에 새겨진 이름의 주인공이다.

순자 레이놀즈, 박순자, 가지 말아주오.

1971년 2월 9일

_박순자의 〈묘비명〉 중에서

동두천 일대 기지촌에서 성노동자로 일하던 박순자는 1971년 스스로 생을 마감했다. 그는 미군 레이놀즈와 결혼을 약속했다. 함께 기지촌을 떠나 새 인생을 살자 했지만, 결국 그 약속은 이루어지지 못했다. 이 묘비는 레이놀즈가 세운 것이라고 전해지고 있다. 아슬아슬한 삶 속에서 피어난 사랑과 이별 그리고 죽음의 순간까지, 그 시절 기지촌에는 수많은 순자들의 이야기가 가득했다.

'여성낙검자수용소'라는 곳이 있었다. 기지촌 여성들의 성병을 검사하기 위해 그들을 감금시켰던 장소다. 일명 '몽키하우스'로 불리던 곳으로 1996년에 폐쇄됐다. 현재는 폐가로 남아 동두천 소요산 주차장 안에 방치되어 있다. 이 건물은 1973년 국가가 세운 시설이었다. 당시 주한미군의 요청으로 동두천 기지촌에서 일하는 여성들의 성병 관리가 국가 차원에서 이뤄졌다. 만약 성병에 걸렸다고 판단되면 이곳으로 끌고 와 강제 수용 후 치료를 강행했다.

일종의 감금시설인 것이다. 그런데 왜 '몽키하우스'일까? 우리나라에는 1961년 '윤락행위 방지법'이 만들어졌다. 정부는 공식적으로는 성매매를 금지했지만, 외국군인 주둔지역은 암묵적인 예외였다. 특수성의 해결이라는 명분으로 특정 지역을 지정했다. 성매매를 금지하기보다는 오히려 권장하면서, 아예 성노동 여성에 대한 관리까지 도맡아 한 것이다.

과거 박정희 정부는 주한미군 주둔을 위해 기지촌 성매매 산업을 활성화시켰다. 기지촌 성노동 여성들을 '달러를 벌어들이는 애국자'라 치하하면서 말이다. 실제로 동두천 기지촌 미군 전용 클럽에서 한 해 동안 벌어들인 돈이 약 40만 달러였다. 당시 우리나라 연간 총 수출액의 1퍼센트에 달하는 규모다. 1960년대에는 동두천뿐만 아니라 파주, 포천, 고양, 의정부, 평택, 송탄 등 기지촌 성노동 여성들을 성병 진료소와 보건소에 등록시키고 정기적인 검사를 받게 했다.

'정기적인 성병검사를 강화하라'

'성병에 감염된 여성을 격리시켜라'

_한미 주둔군지위협정 합동위원회에 설치된 민군관리소위원회 자료(1971)

모든 화살은 기지촌 여성들에게 향했다. 정부와 미군은 성매매에 종사하는 여성 노동자들만 잘 관리하면 성병 문제는 해결될 수 있다고 믿었다. 비상식적인 정책이다. 겉으로는 건강관리를 위해 필요한 시스템으로 포장됐다. 하지만 강압적인 절차와 운영이 전제되면서 그 취지는 변색하였다. 일단 제대로 된 검사가 이뤄지지 않았다. 감염 증상이 의심만 되도 검거돼 강제로 끌려왔다. 건물 2층 창문에는 쇠창살이 달려 있다. 수용소에 갇혀 쇠창살에 매달린 여성들의 모습이 마치 동물원의 원숭이처럼 보였다고 한다. 그래서 몽키하우스라 불렸다.

이곳에 갇힌 여성들에게 자행된 인권 유린은 상상 이상이었다. 시설 환경도 최악이었다. 가장 문제는 성병의 치료 과정이었다. 페니실린 주사를 무분별하게 투여한 것이다. 주사로 쇼크가 오면 귀 울림, 호흡곤란, 발한과 같은 증상을 동반하는데, 일부는 과민성 쇼크로 사망하는 일도 여러 차례 발생했다. 탈출사건도 잇따르면서 건물은 온통 철책으로 가려졌다. 여성들의 탈출을 막기 위한 초소도 있었다. 당시 증언자의 기록을 보면 그들에게 가해진 비인권적 감금치료는 처참하다.

거기로 끌려가면 거기서 주사를 놔주지. 페니실린 맞고 죽는 사람도 있고, 부작용이 나서 걸음을 못 걸어. 이 다리가 끊어져 나가는 것 같아. 그걸 이틀에 한 번씩 맞춰줘. 변소 칸에 가서 변소에 쭈그리고 앉아서 죽는 사람도 있었어. 그래서 주사만 맞는다고 하면 벌벌 떨었어.

_김정자(기지촌 여성)

동두천이 분노한 윤금이 사건

동두천은 미군기지가 들어오면서 1950년 7,200여 명이던 인구가 1970년 6만여 명으로 10배가 늘어난다. 1966년 당시 전국 기지촌에서 일하던 2만 명의 여성 중

6천여 명 이상이 동두천에서 일했다. 그들의 삶은 어땠을까? 그들은 가장 먼저 포주의 횡포에 시달려야 했다. 불법 약물 투약을 부추기거나 빚에 이자를 더해 착취를 이어갔다. 기지촌의 여성들은 기본적인 인권조차 보호받지 못했다.

그들의 이야기가 세상에 본격적으로 알려진 것은 '윤금이 사건'이 발생하면서부터다. 1992년 10월 28일, 기지촌에서 일하던 윤금이는 동두천 자택에서 시신으로 발견된다. 그의 나이 겨우 스물여섯이었다. 어려운 집안 형편 탓에 어린 나이에 기지촌으로 들어와 돈을 벌어야 했다. 27일 밤, 그날도 어김없이 일을 마치고 집으로 돌아오는 길이었다. 혼자는 아니었다. 케네스 마클이라는 미군과 함께 셋집으로 향하고 있었다. 그때 집 앞에 서 있는 한 사람과 마주친다. 금이가 다시 보고 싶어 온 것이다. 램버트는 다른 남자와 있는 그를 보고 몹시 화를 냈다. 마클과 램버트의 실랑이는 다음 날 새벽 1시까지 이어진다.

결국 마클이 램버트를 쫓아내면서 상황은 끝난 것처럼 보였다. 그런데 다음 날, 금이는 싸늘한 시체로 발견

된다. 이 일이 더 충격적이었던 것은 사건의 잔혹성 때문이다. 금이의 모습은 처참했다. 콜라병으로 무참히 가격당해 엄청난 양의 피를 흘렸다. 온몸은 피멍으로 가득했다. 흰 세제가루가 금이의 온몸에 덮여 있었다. 입에는 성냥개비가 물려 있었고, 콜라병과 우산대가 꽂힌 금이의 장기는 심하게 훼손되어 있었다.

　과연 범인은 누구였을까? 바로 케네스 마클이었다. 다른 남자가 집 앞에 기다리고 있었다는 것이 살인을 저지를 만큼 큰 문제였을까? 마클은 램버트를 쫓아버리고 금이를 집으로 데리고 들어가 잔혹하게 살해했다. 더 큰 문제는 그 다음이었다. 사건을 담당했던 의정부 경찰서는 피의자 신문 조서 작성 등 기초 조사도 제대로 하지 않고 마클을 미군으로 인계했다. 당시 검찰은 사건의 성격상 재판권은 한국 측이 당연히 행사하겠지만, 주한미군과의 소파 협정(SOFA, Status of Forces Agreement) 규정에 따라 구금 인도 요청을 할 방법이 없다고 했다. 규정상 "대한민국의 안전에 관한 범죄일 경우 한국 측이 요청할 때 미군 측이 신병을 반드시 인도한다"고 규정돼 있을 뿐 그 이외의 경우는 우리 측의 요청에 미국 당국이 '호의적 고려'를 할 경우에만 가능하다고 밝혔다. 무능한 국가에 대한 국민들의 분노가 들끓기 시작했다. 당시 동두천시 맥주집 출입문에는 "윤씨 살해범이 한국 법정에 설 때까지 주한미군의 출입을 금합니다"라는 안내문이 붙을 정도였다.

여러 시민단체도 뜻을 모았다. '주한미군의 윤금이씨 살해사건 공동대책위원회'가 조성되고 서울 곳곳에서 '케네스 마클의 구속과 공정한 재판권 행사를 촉구'하는 범국민 서명운동도 벌어졌다. 시민규탄대회와 같은 각종 집회가 열리고 사람들은 뜻을 모이기 시작했다. 당시 '한국여성민우회'의 정기간행물 기록을 보면 이미 미군범죄가 얼마나 심각했는지 그 수위를 잘 알 수 있다.

한마디의 사과만으로 얼마든지 범죄를 저지를 수 있는 이 땅에서 안하무인격 미군들의 범죄는 이미 극에 달했다. 범죄사 47년 동안 지금까지 약 10만 명, 하루 평균 8명의 미군이 범죄를 저질렀고 지금도 저지르고 있다. 윤금이 사건 발생 보름도 채 되지 않은 11월 10일 서울 용산에서 발생한

미군에 의한 폭행사건은 그들의 범죄가 가끔 우발적으로 발생하기보다 항상 상습적으로 되풀이되고 있음을 보여 준다.

_조정하《함께가는여성》편집위원)

지켜주지 못한 '윤금이'

결국 피의자 마클은 한국에서 재판을 받고, 1993년 4월 1일 무기징역을 선고받는다. 하지만 형량을 낮추기 위해 법적으로 빠져나갈 수 있는 구멍은 있었다. '윤금이의 유족이 미국 정부로부터 배상금을 받았다'는 이유로 항소심에서 15년형으로 감형을 받는다. 당시 유족이 받은 배상금은 불과 7천만 원이었다. 결국 잔여 형기를 1년여 앞둔 2006년 8월, 마클은 가석방되어 다음 날 미국으로 출국했다.

더욱 안타까운 것은 이슈화된 사건의 명성만큼 우리 사회가 기지촌 여성들을 바라보는 인식을 개선시키지 못했다는 점이다. 당시 파문이 됐던 동두천 시장은 "창녀 하나 죽은 게 뭐가 대수라고 이리 난리를 피우느냐"

고 말했고, 한 신문사에서는 "사소한 일로 한미관계에 영향이 있으면 안 된다"는 칼럼을 게재하기도 했다. 윤금이 사건 이후에도 많은 기지촌 여성들이 미군에 의해 강간을 당하고 목숨을 잃었다.

2017년 기지촌 여성들은 국가를 상대로 손해배상청구 소송을 제기했다. 국가가 성매매를 방조했다는 것이 핵심 사안이었다. 당시 1심 법원은 국가의 방조를 인정하지 않았다. 대신 일부 여성들이 신체적 정신적 피해를 입었다며 위자료를 주라고 판결했다.

다행히 이듬해 열린 서울고등법원의 항소심에서는 국가의 성매매 방조를 인정했다. 정부가 미국과 군사동맹을 강화하고 외화를 획득하기 위해 기지촌 여성 노동자들의 성을 수단화했다고 봤다.

그리고 2022년 9월, 대법원도 원심판결을 유지했다. 대법원은 "국가의 기지촌 조성, 관리, 운영행위, 성매매 정당화 및 조장 행위는 법을 위반한 것일 뿐만 아니라 인권 존중의무 등 마땅히 준수해야 할 준칙과 규범을 위반한 것으로 위법하다"며 "(기지촌 성매매 여성 노동자들은) 국가의 위법행위로 인해 인격권 또는 인권의 존엄성을 침해당해 정신적 피해를 입었다"고 밝혔다. 대법원은 그러면서 권위주의 정부 아래서 이뤄진 국가의 이런 행위는 과거사정리법상 중대한 인권침해사건에 해당해 국가배상청구권에 소멸시효가 적용되지 않는다고 판결했다. 미군 기지촌 성매매에 대한 국가 배상 책임을 65년 만에 인정한 것이다.

아직 그들의 이야기는 끝나지 않았다. 우리 사회에는 여전히 국가로부터 기본적인 보호조차 받지 못한 성매매 여성 노동자들이 존재한다. 세상에 어떤 사람도 함부로 폭행당하고, 죽임당할 이유는 없다. 우리는 더 이상 외면하지 말아야 한다. 역사는 반복되기 때문이다.

📍 동두천 턱거리마을

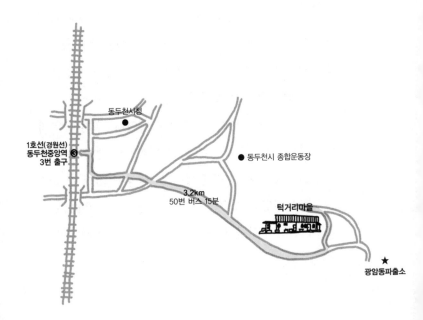

동두천서점

1호선(경원선)
동두천중앙역 ③
3번 출구

동두천시 종합운동장

3.2km
50번 버스 15분

턱거리마을

★
광암동파출소

⭕ **턱거리 마을(옛 미군기지 캠프호비)** 경기 동두천시 광암로17번길 67
⭕ **여성낙검자수용소(일명 몽키하우스) 폐건물 터**
　경기 동두천시 평화로2910번길 82(현 동두천 소요산주차장 안)

경술국치의 현장

서대문형무소역사관

80년 형무소 역사 고스란히

서대문독립공원이 품은 역사는 14미터 높이의 독립문(獨立門)에서부터 시작한다. 1894년 갑오개혁 이후, 독립협회는 자주독립의 결의를 다지기 위해 사대 외교의 상징이던 영은문(迎恩門)을 철거한다. 이듬해 독립문을 세워 1897년에 완공하면서 지금의 모습이 되었다.

독립문의 아치형 중앙 통로를 지나 공원 안으로 들어가본다. 마치 과거로 순간 이동한 시간여행자가 된 느낌이다. 순국선열위패 2,327위를 봉안해놓은 독립관(옛 모화관)이 보인다. 조선시대 중국 사신들을 영접했던 건물이다.

안으로 들어가 잠시 참배의 시간을 갖는다. 순국선열추념탑과 3·1독립선언기념탑, 서재필 박사의 동상과 유관순 열사의 동상까지, 공원 곳곳에 자리 잡은 독립운동의 흔적을 찾다보면 어느새 붉은색 담벼락과 마주하게 된다. 옛 서대문형무소의 원형을 그대로 보존해놓은 서대문형무소역사관이다. 서대문형무소는 1908년 의병 탄압을 위한 목적으로 일제가 만든 감옥이었다. 개소 당시 '경성감옥'으로 불렸다.

1910년 8월 29일, 경술국치(國權被奪)로 우리나라가 주권을 상실하면서 독립운동가의 수도 급증했다. 독립운동가를 가둘 더 많은 장소가 필요했다. 일제는 경성감옥을 마포구 공덕동으로 옮겨 신축하고, 서대문에 있던 경성감옥은 '서대문감옥'으로 명칭이 바꾸었다.

그러다 1923년 일제가 감옥제도 개편을 추진하면서 서대문감옥을 '서대문형무소'로 다시 한번 바꾸게 된다. 그 이름이 해방 때까지 사용되다 서울형무소, 서울교도소, 서울구치소로 이어진다. 결국 1987년 서울구치소가 경기도 의왕시로 이전하면서, 1988년부터 '사적 문화재'로 지정되어 지금의 역사관으로 남아 있다.

붉은색 담벼락에 나 있는 입구로 들어서면 정중앙에 건물 하나가 자리 잡고 있다. 당시 보안과 청사 건물로, 교도관들의 사무실이자, 취조실로 쓰였던 장소다. 지금은 서대문형무소의 역사를 알리는 메인 전시 공간으로 활용되고 있다.

입구에 들어서자마자 전시벽에 기록된 연도가 눈에 들어온다.

"1908년부터 1987년까지 자유와 평화를 향한 80년"

보통 서대문형무소 하면 일제강점기 당시 옥고를 치르던 독립운동가들의 모습이 먼저 떠오른다. 하지만 이곳의 역사는 독립운동에서 끝나지 않았다. 해방 이후 민주화를 위해 몸과 마음을 바쳤던 민주열사의 혼까지도 담겨 있기 때문이다.

서대문형무소역사관에는 4,800여 명의 증명사진들이 벽면을 가득 채운 방이 있다. 사진을 하나하나 자세히 들여다본다. 수형 기록 카드다. 앞면에는 사진과 인적 사항이, 뒷면엔 신상정보와 죄명이 기록되어 있다. 대부분의 죄명은 사상 범죄에 속하는 보안법 위반, 치안유지법 위반 등이다. 현재 이 수형 기록 카드는 90퍼센트가 유실되어 10퍼센트만 남아 있다. 그러나 일제 식민 통치에 저항하고 투쟁했던 애국지사들의 피 끓는 희생을 기리기에는 부족함이 없는 개수다.

12옥사라 쓰인 안내판을 따라 발길을 돌린다. 무수한 독립운동가와 민주화 운동가들이 실제로 갇혔던 공간이다. 사람 한 명 제대로 눕기조차 힘든 좁은 골방들이 늘어서 있다.

칠흑 같은 방 앞에 선다. '한 줌의 빛조차 들어오지

않는다'고 하여 일명 '먹방(먹물처럼 깜깜한 방)'으로 불렸다. 감옥 안의 또 다른 감옥인 셈이다. 이 캄캄한 속에서 얼마나 많은 애국선열이 눈물을 훔쳐냈을까.

통곡의 미루나무

서대문형무소역사관에서 가장 아픈 공간은 사형장이다. 당시 수형자들은 매일 사형장으로 향하는 길을 산책했다. 생과 사의 갈림길을 걸으며 죽음에 대한 공포는 극에 달했을 것이다. 그래서 이 길을 '운명의 삼거리'라 불렀다.

당시 사형장 앞에는 미루나무 한 그루가 서 있었다. 사형장으로 끌려가던 애국지사들이 이 나무를 붙잡고 조국의 독립을 보지 못한 채 생을 마감해야 했던 원통함을 눈물로 토해냈다는 설이 있다. 그래서 '통곡의 미루나무'라 불렀다고 한다. 2020년 태풍에 쓰러졌지만 나무를 그대로 보존 처리해 시민들에게 공개하고 있다.

사형장 터 안쪽으로 들어가 건물 내부를 들여다본다. 나라를 빼앗긴 우리 민족의 고통과 오롯이 마주한다. 마음에 울분이 차올라 버거울 지경이다. 우리 민족의 자화상 같은 공간이다.

최악의 사법살인, 그 현장

서대문형무소의 역사는 1908년부터 1987년까지 이어진다. 사실 일제가 운영한 기간보다 더 긴 세월 동안 대한민국 사법부가 관할했다. 1945년 해방을 기점으로 우리 민족은 '독립'이 아닌 '민주주의'를 외쳐야 했다. 서대문형무소는 '서울형무소'로 이름만 바꾼 채 '민주열사'를 가두는 장소로 사용되었다. 일제가 만들어놓은 감옥을 굳이 우리 정부가 그대로 사용해야 했을까? 하필우리 민족의 고통이 가장 진하게 남아 있는 공간에 또다시 우리 국민의 상처를 덧대야 했을까?

1974년에 일어난 인혁당 사건(인민혁명당재건위사건)은 우리나라 역사상 최악의 사법살인으로 남아 있다. 1975년 4월 9일, 관련 피해자 8명도 서대문형무소에서 형장의 이슬이 되었다.

1974년 4월 3일, 박정희 정부는 이런 발표를 한다.

반체제운동을 조사한 결과, 전국민주청년학생총연맹(민청학련)이라는 불법단체가 불순세력의 조종을 받고 있었다는 확증을 포착하였다.

당시 정부는 민청학련 소속 학생 1,024명을 연행조사하고 2,553명을 군법 송치, 180여 명을 기소했다. 무차별적으로 청년들을 체포해 고문까지 마다하지 않았다. 군사재판에서는 사형 또는 무기징역 등 중형이 선고됐다. 불순세력이라 지목받던 단체들도 무사하지 못했다.

1974년 4월 초, 민청학련을 중심으로 유신 반대 투쟁이 거셌다. 유신정권은 그 배후로 '인혁당 재건위'를 지목하고 긴급조치 4호를 발표했다. 그리고 1년 뒤인 1975년 4월 9일, 사법부는 인혁당계 8명(서도원, 도예종, 송상진, 우홍선, 하재완, 김용원, 이수병, 여정남)에게 사형을 선고한다. 대법관 13명 중 단 한 명만이 반대한 '치욕의 재판'이었다. 당시 사법부는 무죄를 입증할 만한 기회도 주지 않았다. 게다가 선고 후 18시간 만에 사형을 집행했다. 최소한의 방어권도 보장받지 못한 죽음이었다. 당

시 여정남을 변호했던 한승헌 변호사는 사법부의 부조
리함을 이렇게 기록해두었다.

> 당시 여 씨는 전기고문, 물고문, 심한 매질 등으로 몸이 극
> 도로 피폐한 상황에서 겨우 재판에 나왔다. 중앙정보원의
> 감시 속에 재판이 치러졌다. 피고인 측이 신청한 증인은
> 모조리 기각됐다. 검찰 측 증인은 피고인이나 변호인에게
> 알리지도 않은 채 비밀리에 진행됐다.
>
> _한승헌, 《한승헌 변호사 변론사건 실록》, 범우사, 2006

당시 서울구치소 교도관이었던 전병용이 남긴 기록
도 있다. 그는 인혁당 사형수 8명이 수감되어 사형될 때
까지 가장 가까이에서 지켜본 인물이다.

> 그들의 몸 구석구석은 전기고문의 흔적으로 시커멓게 타 있었
> 고, 구타로 인한 피멍 자국은 일일이 확인할 필요조차 없었다.
> 내 기억으로는 그중에서도 하재완 씨가 제일 심했던 것으로
> 생각된다. 그는 혹독한 고문으로 탈장이 되어 있었고, 물고문
> 에 의한 폐농양증으로 기침을 할 때마다 피가 배어 나왔다.

_천주교인권위원회, 《사법살인:1975년 4월의 학살》, 학민사, 2001

2002년 "인혁당 사건은 중앙정보부의 조작이었다"는 의문사진상규명위원회의 발표가 있었다. 그 후 2007년, 인혁당 재건위 사건은 재심에서 무죄가 선고됐다. 그들이 형장의 이슬이 된 지 32년만이었다.

사형장을 뒤로하고 형무소를 나와 저 멀리 독립문을 바라본다. 다시 독립문을 향해 걸어간다. 끊임없이 '독립'을 외치고, '자유 민주주의'를 열망했던 우리 선열들의 외침이 들리는 듯하다.

📍 서대문형무소역사관

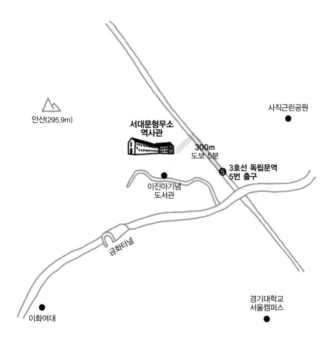

안산(295.9m)

사직근린공원

서대문형무소
역사관

300m
도보 5분

3호선 독립문역
5번 출구

이진아기념
도서관

금화터널

이화여대

경기대학교
서울캠퍼스

◎ **독립문, 서대문형무소역사관** 서울 서대문구 통일로251

딸 보낸 부모의 마지막 선물

이진아기념도서관

딸 잃은 부모 심정 담긴 공간

서대문형무소역사관 뒤쪽으로 돌아 들어가니 빨간 색 벽돌로 지어진 건물이 보인다. 2005년 개관한 서대문구립이진아기념도서관이다. "이진아(1980~2003)가 누구지?" 공간을 찾은 많은 사람이 가장 먼저 던지는 질문이다.

남편을 잃은 아내를 '과부', 아내를 잃은 남편을 '홀아비', 부모를 잃은 자식은 '고아'라 한다. 그러면 자식을 잃은 부모는 뭐라고 할까? 선뜻 단어가 떠오르지 않는다. 그 비통한 심정을 표현할 단어를 아직 아무도 찾지 못해서이지 아닐까.

모원단장(母猿斷腸)이란 말이 있다. 그 유래는 이렇다. 중국 진나라 병사들이 배를 타고 강을 건너고 있었다. 갑자기 원숭이 한 마리가 슬피 울며 배를 향해 달려왔다. 온 힘을 다해 배를 쫓던 원숭이는 마침내 배 위로 뛰어올랐다. 이내 원숭이는 죽고 만다. 병사들은 "이게 뭔일인가" 의아해하며 원숭이를 살핀다. 그런데 원숭이의 배가 이상하다. 호기심이 가장 많은 병사가 원숭이의 배를 갈라본다. 이 광경을 본 병사들은 깜짝 놀라 그 자리에 주저앉고 만다. 원숭이의 창자가 토막토막 끊어져 있는가 아닌가. 사연은 이랬다.

조금 전 한 병사가 새끼 원숭이 한 마리를 잡아 배에 올랐다. 뒤늦게 이를 알아차린 어미 원숭이는 자식을 되찾기 위해 배를 쫓아 뛴 것이다. 창자가 끊어지는 고통도 느끼지 못할 만큼 죽을힘을 다해 배를 쫓은 것이다. 그렇다. 자식의 죽음을 먼저 겪는 부모는 창자가 끊어지는 것과 같은 고통과 슬픔을 견뎌야 한다.

이진아기념도서관은 이런 비통한 부모의 심정이 담긴 공간이다. 수화기 너머에서 들려온 이야기를 들은 아버지는 그 자리에 주저앉고 말았다. 미국에서 유학 중인 둘째 딸 진아가 교통사고로 사망했다는 비보였다. 딸 진아를 만나고 온 지 석 달이 채 되지 않은 날이었다. 진아의 나이 겨우 스물셋이었다. 자신의 회사명도 두 딸들의 이름 한 글자씩을 따서 지을 만큼 딸들에 대한 사랑이 남달랐던 딸바보 아빠였다.

아버지는 딸에게 항상 미안했다. 의류수출업체를 운영하며 가족보다는 일에 집중하는 날이 많았다. 가족들과 함께 할 시간은 항상 부족했다. 진아를 잃고 그 미안

함은 더 커졌다. 아버지는 진아를 위해 뭐든 해야겠다고 생각했다. 딸을 가슴에 묻는 대신 별이 된 딸의 이름이 세상에 오래 남길 바랐다. 진아는 평소 책을 사랑했던 아이다. 아버지와 가족들은 사재 50억 원을 서울시와 자치구에 기증해 도서관을 짓기로 결심했다. 그 소식을 듣고 여러 구청에서 관심을 보였다. 부지를 제공하겠다는 자치구 중 아버지가 고른 곳은 서대문형무소역사관과 마주한 독립공원 자락이었다. 자연을 품은 도서관이 딸 진아와 가장 잘 어울렸다.

현상공모가 시작됐다. 도서관 설계는 한형우 소장이 맡았다. 처음으로 현상공모에 당선된 건축가는 프로젝트를 본격적으로 시작하면서 깊은 고민에 빠졌다. 딸을 잃은 가족의 그리움을 어떻게 하면 진정성 있게 담아낼 수 있을까?

딸의 이름 석 자면 됩니다

적지 않은 도서관 건립 액수를 기증하고도 아버지와 가족들이 원한 것은 딱 하나였다. 딸의 이름 석 자를 붙여달라는 것이었다. 딸만을 위한 추모 공간이 아닌 진아처럼 책을 사랑하는 이들이 찾아올 수 있는 쉼터 같은 도서관이길 바랐다. 그래서 도서관의 정식명칭을 '서대문구립 이진아기념도서관'으로 정했다. 한형우 소장은 현판 하나에도 세심하게 접근했다. '이진아'라는 글씨체를 고민하던 중, 진아가 살아생전 아버지에게 보낸 편지 한 통을 접하게 된다. 편지 마지막 줄에 쓰인 '딸 진아 올림.' 도서관 현판의 '이진아'라는 이 세 글자는 딸 진아의 친필을 본 떠 제작했다.

도서관이 건립될 부지를 둘러보던 한형우 소장의 눈에 서대문형무소의 담장이 눈에 들어왔다. 200미터 길이에 5미터 높이의 적색 벽돌 담장은 그 형태만으로도 형무소라는 장소성을 표현하고 있었다. 담장에는 백화가 잔뜩 펴 시간의 흐름을 보여주고 있었다. 그는 주변 환경과 공존할 수 있는 도서관을 짓고 싶었다. 외장 재료로 형무소건물과 그 담장, 그리고 주변 자연에 대한 조화를 생각하며 벽돌과 목재를 선택했다. 세월과 함께 변화해가는 재료의 물성을 고려한 것이다. 더불어 누구나 들어올 수 있는 편안한 열린 공간이길 바랐다. 독특

한 재료보다 주변에서 쉽게 볼 수 있는 재료를 선택한
이유였다.

은퇴하면 하루 용돈 3만 원 받아 지하철 타고 도서관에 와
서 공원에 놀러 나온 아이들에게 과자도 사주고 도서관 주
변에 떨어진 쓰레기 주우며 살려 합니다. 내 딸 진아도 그
런 아버지의 모습을 보면 하늘에서 좋아할 겁니다.

_진아 아버지

칸막이 없는 열린 도서관

이진아기념도서관은 누구에게나 열려 있는 공공도
서관으로서 그 역할에 충실해야 했다. 전면도로에서의
진입과 공원에서의 진입이 모두 용이하게 만들고 내부
공간까지 자연스럽게 이어지게 설계했다. 1층 로비에
들어서면 환하게 웃고 있는 진아의 모습을 볼 수 있다.
사고가 일어나기 석 달 전, 뉴욕 출장차 미국에 들른 아
버지는 딸 진아와 2박 3일을 보냈는데, 그때 함께 찍은
사진에서 진아의 모습을 본 떠 동판으로 만들었다. 진아

아버지가 진아의 유품을 정리하던 중 그의 카메라에서 발견한 사진이었다.

이진아기념도서관에는 독서실 같이 칸막이로 된 열람실이 없다. 입시나 취업을 위한 자습공간이 아닌 누구나 찾아와 편안하게 책을 읽는 일상의 공간이 되길 바랐기 때문이다. 1층 모자 열람실은 방바닥으로 설계해 어린아이와 부모가 신발을 벗고 편안하게 독서를 할 수 있는 공간으로 조성했다. 3~4층 종합열람실에는 쾌적한 독서공간을 위해 2개 층을 오픈해 높은 천장을 두고, 한쪽 벽은 넓은 유리창을 내었다. 독서를 하다 눈이 피로하면 밖을 바라볼 수 있게 하기 위해서였다. 책상에는 개인 스탠드를 설치해 독서에 집중할 수 있는 공간을 만들었다. 도서관에서 가장 경관이 좋은 공간은 4층 휴게실이다. 야외 테라스에 앉아 인왕산과 독립공원, 서대문형무소역사박물관과 담벼락까지 주변 경관을 바라보며 커피 한 잔의 여유를 만끽할 수 있다. 자연과 함께 조금 더 편안한 독서 공간이길 바란 진아 아버지와 건축가의 배려가 공간 하나 하나에 담겨 있다. 이런 마음이 주민들에게도 닿았던 걸까.

준공식 날이었다. 진아가 살아 있었다면 스물다섯 번째 생일을 맞이했을 2005년 9월 15일, 아이의 손을 꼭 붙잡은 한 아주머니가 도서관에 들어섰다. 그러고는 진아 아버지에게 조용히 CD 한 장과 편지 하나를 건네고 사라졌다. CD를 확인한 아버지와 건축가는 마음이 벅차올랐다. CD에는 84장의 사진이 담겨 있었다. 터파기 작업부터 도서관 건물이 한층 한층 올라갈 때마다 완성되어 가는 도서관의 모습을 매일 매일 똑같은 장소에서 찍힌 사진들이었다. 1년여 시간을 기록한 귀한 자료였다.

우리 동네에 도서관이 생겨 너무 좋지만 그래도 진아 양이
살고 도서관이 없는 것이 더 좋았을 겁니다.
– 세진 엄마

몇 달이 지나서야 한형우 소장은 세진 엄마를 찾아나섰다. 이 사진을 왜 찍었는지 꼭 물어보고 싶었다. 사진이 찍힌 각도를 보고 아파트 한 동을 골라 일일이 초인종을 눌렀다. 마침내 세진 엄마를 만날 수 있었다. 그

는 자식을 키우는 입장에서 도서관에 대한 사연을 듣고 마음이 너무 아팠다고 했다. 진아를 추모하는 마음을 담아 도서관이 세워지는 모습을 기록하고 싶었다고, 자신의 사진들이 조금이나마 진아의 가족들에게 힘이 되길 바란다고 덧붙였다. 한형우 소장은 뭉클한 마음에 눈물을 훔쳤다.

아버지는 별이 된 딸의 이름이 많은 사람들에게 선한 영향력이 되어 빛나길 바란다. 딸에 대한 아버지의 간절한 사랑과 소망이 세월과 함께 차곡차곡 쌓여간다. 도서관 외벽에 쓰인 진아의 필체를 다시 바라본다. 분명 도서관이 나이 들수록 그리움은 감사함으로 다시 피어나 공간의 생명력을 불어넣어 주겠지.

📍 이진아기념도서관

이진아기념도서관 서울 서대문구 독립문공원길 80

서울, 백제의 수도

한성백제박물관

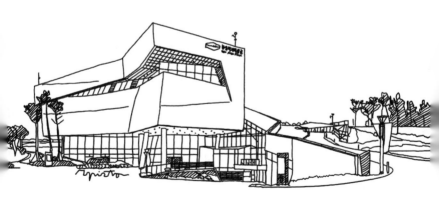

토성을 닮은 건물 설계

한성백제역 2번 출구에서 나와 10분 정도를 걷는다. 도로변에 맞닿아 있는 건물 하나가 보였다. 한성백제박물관이다. 박물관은 토성을 쌓아올린 듯한 웅장함을 뽐내며 올림픽공원 끝자락에 자리잡고 있다.

우리는 보통 서울의 역사를 이야기할 때 조선시대 한양이나 일제강점기 경성을 떠올릴 때가 많다. 하지만 세월을 조금만 더 거슬러 올라가보면, 삼국시대 백제의 수도였던 '한성'의 흔적도 꽤나 짙게 남아 있다.

백제의 수도는 한성(한강 유역)에서 웅진(공주), 사비(부여) 순으로 이어졌다. 송파구는 다양한 현대 건축물과 함께 풍납토성, 몽촌토성, 석촌동 고분군과 같은 2천년 전 한성백제문화의 흔적을 동시에 품고 있는 곳이다. 서울에서 한성백제의 발자취를 따라가는 시작점인 셈이다.

한성백제박물관은 2012년에 개관을 했다. 유적조사를 통해 백제시대의 토성을 형상화한 건물이 인상적이다. 원래 몽촌토성을 조망하기에 좋은 둔덕이 있던 자리였다. 분명 박물관을 설계한 건축가는 둔덕의 멋과 가치를 알고 있었겠지. 건물 옥상으로 이어지는 산책로를 통해 송파구의 모습을 사면으로 감상할 수 있는 아름다운 전망대가 인상적이다. 마치 둔덕 안에 박물관을 묻은 듯한 형상이다.

　삼국시대, 고구려와 신라는 돌로 성을 만들었다. 백제는 달랐다. 층층이 흙을 다져 성을 쌓아올렸다. 박물관의 외관은 백제인들의 설계방식을 그대로 재현해놓았다. 저 안에 숨겨진 보물은 어떤 모습일까? 오늘만큼은 백제의 흔적을 찾는 고고학자가 되어보리라!

　1층 로비로 들어서는 순간 거대한 성벽이 눈앞에 펼쳐졌다. 백제 초기의 왕성인 풍납토성(사적 제11호)의 단면을 떼어 설치해놓은 토층이다. 현재 남아 있는 성벽을 기준으로 아랫변 43미터, 윗변 13미터, 높이 11미터로 추정하여 복원해놓았다. 흙을 얇은 층상으로 다져서 쌓아 올리는 판축법을 사용했다고 한다. 흙을 시루떡처럼 층층이 다져 올린 것이다. 여러 종류의 진흙을 번갈아 쌓아가며 사다리꼴 성벽을 만들었다. 생전 처음 보는 광경에 한참을 서서 토층을 바라봤다. 성벽의 아래 공간에는 풍납토성 발견 당시 발굴된 토기 조각들과 토성이 세상에 드러나게 된 스토리까지 잘 정리되어 있다.

백제의 수도는 서울이었다?

보통 서울의 역사를 600년이라고 말한다. 하지만 서울은 지금으로부터 2천 년 전인 기원전 18년 전부터 5세기까지 백제의 수도였다. 백제의 678년 역사 중 500년의 역사를 간직한 땅이다. 지금의 송파구와 강동구 일대다. 당시의 흔적은 강남구 등지에서도 찾을 수 있다. 일제강점기였던 1925년, 을축년 대홍수로 한강이 범람해 서울이 물에 잠긴 적이 있다. 그때였다. 단순한 토성지로 기록되어 있었던 풍납토성의 동쪽 성벽과 해자(방어 시설)가 모습을 드러내면서 백제시대의 사적지로 알려지기 시작했다. 흙을 단단하게 쌓아올린 판축법 덕에 홍수를 버텨냈던 걸까. 당시 일본의 건축가였던 세키노 다다시가 현재의 광나루공원 부근에서 백제시대 유물을 찾아낸다. 해방 후 1964년이 되어서야 풍납토성 일대의 자체 발굴이 시작됐다.

풍납토성의 시련

지금의 송파구는 땅값 비싸기로 소문난 곳이다. 그래서 유적지 보존과 아파트 재개발이라는 양대 이슈로 언제나 몸살을 앓고 있다. 풍납토성의 발굴과 보존에 담긴 숨은 이야기가 하나 있다. 1980년대 초반, 서울 강북의 광진구와 강남의 송파구를 연결하는 올림픽대교가 만들어지던 때의 일이다.

서울 지도를 펴보자. 올림픽대교와 송파구를 연결하는 도로가 직선으로 이어져 있지 않다. 교량을 건설할 때, 다리와 도로를 일직선으로 연결하는 것이 통상적이다. 올림픽대교도 원래 동서성벽을 각각 100미터, 50미터씩 자르고 풍납토성을 관통할 계획이었다고 한다.

하지만 당시 건설 계획을 알아차린 학계는 즉각 설계 변경을 촉구하고 나섰다. 언론·문화계도 동참하기 시작하면서 여론도 시끄러워진다. 결국 1985년 문화재위원회는 올림픽대교 풍납동 연결로를 풍납토성 남벽 밖으로 이전하기로 의결하고, 서울시가 재설계에 들어가면서 문화재 파괴를 막을 수 있었다. 개발과 보존 사이의 적절한 타협점을 찾은 것이다.

풍납토성의 시련은 1996년 아파트 재개발과 함께 또 한 번 찾아온다. 1970년대부터 강남 개발을 시작으로 아파트 건설 권역이 넓어진다. 아파트 건설이 한창이던 어느 날 풍납토성 안쪽에 위치한 공사 현장에서 문제가 발생한다. 터를 파던 포크레인이 멈춰선 것이다. 땅속에 토기 조각과 같은 유물들이 박혀 있는 것이 아닌가. 미리 분양을 받은 시민들도, 기한 내 공사를 마무리해야 하는 건설사도 모두 난감한 상황이었다. 문화재 보존이냐 사적 재산권 보호냐, 두 이해관계가 격렬하게 충돌하기 시작했다. 올림픽대교처럼 재설계를 할 수 있는 상황도 아니었기에 대립은 더 심각했다.

문화재 보존 온몸으로 막은 고고학자

당시 백제 문화재 훼손을 온몸으로 막아낸 한 사람이 있다. 고고학자 이형구 교수다. 그는 백제유적이 발견됐다는 소식을 듣고, 1997년 1월 1일, 아파트 공사 현장에 잠입을 시도한다. 당시 건설사에서는 공사를 멈춘 채 외부 공개를 막아놓은 상태였다. 그는 직접 눈으로 유물

을 확인하고 싶었다. 문화재 훼손을 막아낼 증거를 찾아
야 했기 때문이다. 하지만 공사현장의 문은 쉽게 열리지
않았다. 다음 날에도 마찬가지였다.

> 그 다음 날 제가 토질조사원으로 위장을 했어요. 큰 점퍼
> 에 카메라를 숨겨서 건설 현장 안으로 들어갔지요. 터파기
> 작업을 해서 땅이 파헤쳐져 있었는데 쭉 미끄러져 내려갔습
> 니다.
> 그때였어요. 땅속에서 여러 개의 토기 조각이 박혀 있는
> 거예요. 심장이 터질 것 같았지요. 사람들한테 확인시켜줄
> 증거가 필요했거든요. 저는 카메라로 현장 모습을 담고,
> 유물들 몇 개를 바지와 점퍼 주머니에 넣고 나왔지요.

_이형구(선문대 석좌교수)

이 사건은 1월 6일자 중앙지 신문에 보도되면서 세
상에 알려졌다. 백제 왕성 유적 발굴 작업을 촉발한 계
기가 된 사건이었다. 결국 같은 해, 유적에 대한 긴급구
제 발굴에 들어가면서 공사는 전면중단되었다.
　"문화재위원은 풍납동 오는 날이 제삿날이다!"

당시 풍납동에는 걸린 현수막 문구다. 그날 이후 이형구 교수는 상상 이상의 고초를 겪는다. 발굴이 이뤄지는 수년 동안 몇몇 주민들은 그를 끈질기게 괴롭혔다. 컨테이너 박스에 감금하고 우산으로 찌르는 등의 폭행도 마다하지 않았다. 심지어 그의 인형을 만들어 화형식까지 할 정도였다. 그는 이 모든 것을 기꺼이 감수해야 한다고 몇 번을 다짐했다. 주민들이 자신을 때려 죽이고 싶은 그 마음 또한 충분히 이해할 수 있었기 때문이다. 이후 주민 대부분이 합의된 것을 보상받으면서 문제는 차츰 해결됐다.

하지만 이형구 교수는 학계에서 제대로 된 공을 치하받지 못했다. 당시 고고학계 일부 주류학자들의 연구 결과와 반대되는 주장을 내세웠기 때문이다.

"풍납토성은 왕성이다."

이 교수가 오랜 세월 실측을 통해 고고학적 근거를 토대로 낸 결론이었다. 풍납토성 주변에서 발굴된 인공 축조와 기와 등의 유물들이 그 증거였다. 하지만 주류학자들의 주장은 달랐다. 풍납토성은 자연제방의 거주성이고 오히려 몽촌토성이 왕성이라는 것이었다. 이미

'몽촌토성 왕성'으로 논문을 쓰고 학위를 받은 학자들에게 그의 주장은 상당히 예민한 문제였다.

풍납토성의 왕성 논란은 여전히 우리가 안고 있는 큰 숙제 중 하나다. 하지만 우리가 절대 놓치지 말아야 할 게 있다. 긴 세월 동안 방치되었던 풍납토성이 이만큼이라도 발굴, 보존될 수 있었던 것은 일찍이 보존운동에 앞장섰던 한 고고학자의 노력에 있을 것이다.

이형구 교수는 자신의 연구 결과에 냉담한 학계에 큰 상처를 입었다. 일생을 백제문화유적 연구에 바쳤던 그에게 풍납토성은 여전히 아픈 손가락이다. 그는 지금도 노환으로 고장난 몸을 이끌고 백제문화연구를 위해 고군분투 중이다.

한성백제박물관 또한 그 노력이 소중한 씨앗이 되었다. 전시되어 있는 유물들은 초기 백제인의 생활과 밀접한 물건들이 많다. 그래서인지 한성백제에 살았던 우리 조상들의 일상 정취를 그대로 느낄 수 있다. 발굴을 통한 역사적 증명, 수많은 고고학자들의 투철한 지구력에 우리는 큰 빚을 졌다.

서울은 한강유역을 중심으로 하여 고대사회의 암사

동 선사유적지에서 삼국시대의 풍납토성, 몽촌토성, 석촌동고분군, 삼성리토성까지 이어져 있다.

　백제사람들은 풍납토성, 몽촌토성, 삼성동토성 인근에서 생활터를 잡고 살아갔다. 죽어서는 석촌동, 가락동, 방이동 등지의 공동묘지에 묻혔다. 한강변 충적대지에 위치한 백제 전기 돌무지무덤인 석촌동 고분군의 발굴 작업은 지금도 활발하게 진행되고 있다. 이왕 한성백제박물관에서 백제인들의 삶을 확인했다면 석촌동 돌무지무덤까지 발길을 이어가보자. 그러면 오늘 하루쯤, 우리도 백제문화의 숨결을 발굴하는 고고학자가 될 수 있지 않을까?

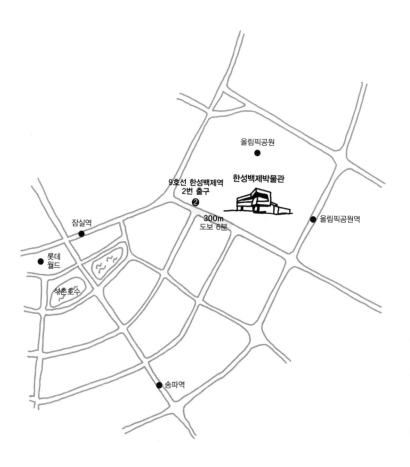

📍 한성백제박물관

올림픽공원

한성백제박물관

9호선 한성백제역
2번 출구
②
300m
도보 6분

올림픽공원역

잠실역

롯데
월드

석촌호수

송파역

◐ **한성백제박물관** 서울 송파구 위례성대로 71

한의학의 살아 있는 역사

춘원당한의약박물관

180년 가업 이어온 춘원당한의원

5호선 종로3가역에서 나와 뒷골목으로 들어간다. 100여 미터 걷다 보면 어디선가 한약의 향기가 그윽하게 뿜어나온다. 1847년부터 무려 180여 년 세월 동안 8대째 가업을 이어오고 있는 춘원당한방병원에 왔다.

1847년 평안도 박천에서 시작해 1938년 평양, 1952년 부산 부평동을 거쳐 지금의 종로까지 이어졌다. 1953년에 서울 소격동으로 왔다가 1958년 낙원동 현재의 자리로 이전했다. 현재 7대 윤영석 원장 중심으로 한방병원이 운영 중이다. 그의 첫째 아들 윤홍걸과 둘째 아들 윤준걸 모두 한의대를 졸업하고 한의사로 활동 중이다. 이렇게 춘원당은 8대째 명맥을 이어가고 있다.

"한의원은 복잡한 곳에 있으면 안 된다."

종로에 터를 잡은 건 5대 윤종흠 원장의 생각이었다. 그는 조용한 곳에서 자신을 필요로 하는 환자들을 맞이하기 위해 일부러 골목 깊숙한 곳에 터를 잡았다. 지금은 골목마다 유흥업소나 숙박시설 등 여러 가지 상업시설이 들어차 있다. 그래서인지 춘원당 건물의 고풍스러운 자태가 더 눈에 들어온다.

7대 윤영석 원장은 춘원당 한의학박물관도 부설로 운영하고 있다. 윤 원장은 한의사가 되기 전부터 선대의 많은 자료와 유물들을 한 데 모으겠다고 다짐했다. 한의학의 기록물을 체계적으로 보존해 후대에 물려주고 싶은 마음이 컸기 때문이다. 한 집안의 가보를 뛰어넘는, 우리나라 한의학 문화의 중요한 사료다. 박물관 건물은 춘원당 본관(돈의동) 바로 건너편 신관(낙원동)에 위치해 있다. 여기에 탕전실과 약재 저장고 등도 자리 잡고 있다. 좁은 길을 사이에 두고 돈의동과 낙원동으로 나눠진 골목 사이로 한방의 숨결이 흐르고 있다.

한의학의 과거와 현재

한의약박물관은 2008년에 개관했다. 한의학의 살아 있는 역사와 전통을 느낄 수 있는 한방복합문화공간이다. 한의학에 관련된 다양한 유물을 수집·보존·연구하고 상설전을 비롯한 특별전을 개최하기도 한다. 이 외에도 다양한 유물을 수집·보존·연구하고 상설전을 비롯한 특별전을 개최하기도 한다. 5층 전시관에 비치해놓은 경혈도나 침통, 약탕기 등 춘원당 선대 한의사들의 유물 150점을 만나볼 수 있다. 지하 1층 역사관에는 춘원당 의 역사기록물도 시대별로 잘 정리해놓았다. 다른 층들 은 농약 검사실이나 약품 저장고, 탕전실 등을 채워 넣 어 과거와 현재를 잇는 공간적 가치를 살려내고 있다.

춘원당 신관 설계를 맡은 건축가 황두진 소장은 경 복궁 일대의 동네 건축가로 유명하다. 건축사무소도 경 복궁역 골목에 자리 잡고 있다. 수십 년간 서촌과 북촌 일대에서 건축 작업을 진행했던 그의 경험이 큰 도움이 됐다. 그는 지역에 대한 이해도 높았다. 한 자리에서 병 원을 지켜나간다는 것은 동네 전체의 발전에도 기여한 다는 것을 잘 알고 있었다. 한의원이란 공간이 한 지역 에 자리 잡는 순간, 그 지역에 대해 큰 책임을 동반한다 는 윤영석 원장의 철학에 큰 감명을 받았다고 한다. 우 리가 새것이라고 여기는 주변의 많은 것들이 알고 보면 굉장히 오래된 것들의 흔적인 경우가 많다. 춘원당 설계 의 핵심이 여기에 있었다. 황두진 소장은 춘원당의 새로 운 건물을 통해 우리나라 한방 역사의 큰 줄거리를 담아 내고 싶었다.

훤히 들여다보이는 탕전실

우리가 떠올리는 한약의 제조 과정은 작은 약탕기에 한 첩씩 약을 달이는 모습, 약탕기에 부채질하며 정성을 들이는 모습이다. 한방 문화도 진화하고 발전한다. 춘원당의 경우, 하루에도 수많은 환자가 들러 한약을 지어가는 대형 한방의료원이다. 한약을 비교적 신속하고 위생적으로 지어 환자들에게 전달하는 것이 가장 중요했다. 황두진 소장은 설계 초기 한의원의 운영 체계를 이해하는 데 많은 시간과 노력을 들였다. 기존 본관 3층의 탕전실에 처음 들어섰을 때, 그는 놀라운 광경에 눈이 동그래졌다. 기계적인 동시에 성스러운 공간이었다. 구도심이라는 도시의 뱃속에 자리 잡은 창자 같았다. 춘원당이 발명 특허를 갖고 있는 이 시설을 신관으로 옮기기로 마음먹었다.

황두진 소장의 제안에 윤 원장은 매우 놀랐다. 탕전실을 신관 3층에 설치하고 길에서 오가는 사람들이 볼 수 있게 하자고 했다. 한약 제조에 대한 투명성을 강조하자는 의미였다. 한방에서도 이러한 개념은 꽤 중요했다. 윤 원장의 결심과 함께 탕전실은 결국 골목길에서도 안이 들여다보이는 통창으로 설계됐다.

탕전실을 공개한다는 것은 가정에서 침실을 공개하는 것
과 마찬가지예요. 음식점으로 치면 주방을 훤히 공개하는
것인데, 사실 처음에는 부담스러웠던 것이 솔직한 마음이
죠. 탕전실을 보여주려면 우리가 얼마나 잘해야 할까? 그
러다 보니 위생과 품질에 더욱더 신경 쓰게 됐습니다.

_윤영석(춘원당한의원원장)

생약의 전 제조 과정을 공개하면서 현대 한방의 과
학성과 신뢰성을 강조하는 장치적인 역할을 해냈다. 지
금은 한방병원을 방문하는 환자들과 박물관 관람객들
의 주요 코스가 됐다. 환자들이 탕전실을 보고 약이 어
떤 재료들로 어떻게 다려지는지 직접 확인할 수 있다.
한약에 대한 이해와 신뢰도, 궁금증을 해소할 수 있는
춘원당의 심장과 같은 공간이다.

'한방을 담아낸 종합선물세트' 같은 공간입니다. 그 안엔
진료실과 탕전실, 약재 저장고, 박물관, 역사관까지 기능

적으로 매우 복합적인 공간입니다. 한방이 예스럽다면 건 축물 자체는 현대식 건물입니다. 서로 다른 시간대의 정서 와 문화가 공존하지요.

_황두진(건축가)

장수하늘소는 흔치 않은 곤충입니다. 독특하면서도 오래 된 곤충이지요. 춘원당은 긴 세월 장수해왔고 앞으로도 장 수할 겁니다. 건축물 자체에서 풍기는 단단함과 듬직함은 장수하늘소의 모습과도 비슷하지 않나요?

_윤영석(춘원당한의원 원장)

유럽에는 에노키안협회(The Henokiens Association of Family and Bicentenary Companies)라는 장수 기업 모임이 있다. 구약성서 창세기에 나오는 카인의 장남 '에녹'이 란 이름에서 유래됐다. 그는 365세까지 장수했다고 기 록되어 있다. 가업을 200년 이상 이어온 회사들의 모임 이다. 대대손손 같은 직업을 택하고 장인 정신을 이어가 기란 결코 쉬운 일이 아니다.

협회 가입 조건도 까다롭기로 유명하다. 설립한 지

200년이 넘어야 하고, 창업자 가족이 현재 경영자이자 소유주여야 한다. 경영지표도 일정 기준 이상이어야 한다. 이 밖에도 체크리스트가 50여 가지가 넘는다. 1981년 설립됐지만 회원사는 51곳뿐이다. 대부분 이탈리아, 프랑스, 독일 등 유럽 기업들이다. 주요 회원사는 1526년 설립된 이탈리아 총기 회사 베레타, 1768년에 세워진 프랑스의 레볼 도자기 등이 있다. 일본기업도 10곳이나 된다. 717년에 세워진, 전 세계에서 가장 오래된 여관 호시료칸을 비롯해 1560년에 세워진 나베야 등이 있다. 우리나라는 아직 한 곳도 없다. 어쩌면 춘원당이 에노키안협회에 가입하는 한국의 첫 기업이 될 수도 있지 않을까. 내심 기대를 품어본다.

📍 춘원당한의약박물관

낙원악기상가

5호선 종로3가역
5번 출구
⑤

180m
도보 3분

춘원당한의약
박물관

탑골공원

CGV

종로3가역
1, 3호선

◎ **춘원당한의약박물관** 서울 종로구 돈화문로9길 27

민족시인 윤동주의 생애

윤동주문학관

서촌길 정취가 어우러진 곳

윤동주문학관은 경복궁역에서 2킬로미터 정도 떨어져 있다. 도보로 40분, 버스로 10분 거리다. 걷기를 좋아하는 나는 도보여행을 택한다. 서촌길의 정취와 풍경을 누릴 수 있는 꽤 인상적인 코스다. 3번 출구에서 나와 직진으로 걷다보면 '청운효자주민센터'가 나온다. 바로 오른쪽으로 방향을 틀어 유유자적 발길을 이어간다. 청와대와 맞닿아 있는 도로인 창의문로의 시작점이다. 도로수가 안내하는 길을 따라 완만한 경사로를 천천히 오른다. 날씨마저 싱그럽다. 나무와 산새로 어우러진 거리, 도심이 숨겨놓은 보석 같은 길이다. 도시에서 누리기 어려운 호사! 이 길이 끝나는 저 언덕에 서면 시인 윤동주가 나를 맞아주겠지.

시인 윤동주는 서른 살도 채우지 못하고 짧은 생을 살다갔다. 하지만 삶에 대한 고뇌와 독립에 대한 염원이 담긴 무수한 작품들로 인해, 우리나라 민족시인으로서 후대에 많은 존경을 받고 있다. 윤동주는 1917년 12월 30일 북간도의 명동촌에서 태어나 1945년 2월 16일, 해방을 불과 6개월 앞두고 일본 후쿠오카 형무소에서 형장의 이슬이 되었다. 그의 사인은 일본 마루타 생체실험 때문이라는 추정이 가장 설득력 있게 알려져 있다.

윤동주는 간도와 평양에서 학창시절을 보냈다. 1938년 4월 연희전문학교(현 연세대학교) 문과에 입학한다. 1942년 일본으로 유학을 떠나기 전까지 종로구 서촌에서 살았다. 2년 남짓의 시간이지만 그의 생을 돌아봤을 때, 화양연화 시절이 담긴 소중한 공간이다. 그는 연희전문학교 입학 2년 만에 기숙사를 나와 경복궁 서쪽에 있는 종로구 누상동에서 하숙을 했다. 서촌에는 윤동주뿐만 아니라 시인 이상, 화가 이중섭의 집도 있다.

나는 이 마을에서 초중고 학창시절을 보냈다. 부암동 도로변 고갯길과 윤동주 시인의 언덕이 맞닿은 곳에 그대로 방치된 수도가압장이 있었다. 워낙 허름하고 보잘것없어 오고 가는 사람들의 눈에 들어오지 않았다. 하루가 멀다 하고 그 앞을 지나갔던 나도 단순히 폐건물 정도로만 알고 있었다. 그러던 2011년 종로구청에서 건물을 리모델링해 윤동주문학관을 만들기로 공시하면서 그 존재의 가치를 알게 되었다.

당시 구청에서도 이 건물의 제대로 된 설계 도면을

갖고 있지 않았다. 그래서 겪게 된 시행착오 탓에 공사 기간은 지연되고 있었다. 1차 설계 당시, 밖으로 보이는 건물을 리모델링해 시인의 언덕과 연결되는 큰 옥상정원을 만들 계획이었다. 한 달 반에 걸쳐 기본 설계가 끝난 시점인 2011년 7월, 예상치 못한 집중호우로 서울 서초구 우면산에 산사태가 발생한다. 그러자 구청과 설계를 맡은 건축가 이소진 소장은 우면산 산사태를 반면교사로 삼아 윤동주문학관의 축대에 대한 구조안전진단을 강화하기로 결정하고 재차 현장 점검에 나선다.

옛것을 보존하는 재생작업

이소진 소장이 처음 이곳을 조사할 당시, 뒤뜰 옥상에 넓고 평평한 공간을 발견했다. 서울 시내를 관망할 수 있는 훌륭한 입지 조건이었다. 나 또한 일곱 살 때 처음 상경하던 날, 문학관 쪽에서 바라본 서울의 야경을 보고 탄성을 내뱉었던 기억이 난다. 그만큼 아름다운 서울의 풍광을 누릴 수 있는 공간이다.

그 평평한 공간 아래는 물탱크가 숨어 있었다. 물탱

크 안으로 들어간 이 소장은 '이 물탱크를 재생시켜야겠다'라고 다짐했다. 물탱크는 생각보다 깊었다. 관리자들이 들어왔다 나갔다 하던 사다리의 흔적, 그 공간에 비친 한 줄기의 빛은 공간을 오묘한 감성으로 이끌었다. 물이 찼다가 빠진 물자국이 그대로 남아 마치 고벽처럼 물얼룩이 나 있었고 그 질감이 주는 세월의 흔적 또한 강렬했다. 무엇보다 콘크리트 박스 안에 퍼지는 소리의 울림은 그의 심장을 동요시켰다. 모든 게 처음부터 다시 진행되어야 했다. 재설계와 함께 예산도 2배가 더 필요한 상황이었다.

현명한 판단과 과감한 선택이 필요한 순간이었다. 당시 김영종 종로구청장은 건축가 출신이었다. 이소진 소장의 재설계 방향을 누구보다 잘 이해했다. 사업의 규모는 작지만 공간이 담을 의미의 중요성에 공감했다. 예산과 사업기간이 늘어나도 충분히 가치가 있는 작업이라고 의견을 모았다. 한 공간을 재생시키는 데 가장 중요한 건 협업이다. 옛것을 남기면서 새로운 것을 탄생시키는 작업은 여간 어려운 일이 아니기 때문이다.

윤동주문학관은 그렇게 탄생됐다. 발주처인 종로구

청의 기획부터 건축가의 설계, 시공사의 헌신, 스토리텔러의 고민, 그리고 유족들의 기증과 지원 등 100여 명이 넘는 사람들의 협업과 열정으로 만들어졌다.

'열린 우물'이 된 물탱크

물탱크의 공간이 작았기에 처음에는 실내 전시 공간으로 사용하려고 했다. 하지만 물탱크 자체가 2/3정도 흙에 묻힌 상태라 단열을 할 수가 없었다. 방음, 냉방 설비 등 전시 공간 환경을 조성하기 위해서는 물탱크 내부에 남아 있는 세월의 흔적을 모두 덮어야 가능했다. 무엇보다 내부가 너무 습해 하루 종일 제습기를 돌려야 하는 현실적인 문제도 있었다. 머리를 맞대고 솟아날 구멍을 찾았다. 두 개의 물탱크 중 하나는 아예 콘크리트 천장을 걷어내 빛이 들어오는 중정을 만들고 다른 하나는 원형을 최대한 보존하기로 했다.

중정 속에 담기게 될 하늘과 별과 바람은 시인 윤동주를 품기에 충분했다. 그 뒤로는 꼬여 있던 실타래가 술술 풀리기 시작했다. 구조설계가 시작되면서 이 소장은 '윤동주 시인을 닮은 공간'을 극대화하기 위해 공간마다 담길 스토리텔링도 함께 집중했다.

문학관에 들어서면 중앙에 낡은 우물이 놓여 있다. 시인의 생가에 있던 우물을 그대로 옮겨온 것이다. 이 우물 옆에 서면 그가 다니던 학교와 교회 건물이 보였다고 한다.

나라를 빼앗겨 더욱 서글픈 어느 가을날 밤, 한 사나이가 우물 앞에 서 있다. 우두커니 섰다 사라지고, 다시 돌아가 우물 앞에 서길 반복한다. 우물 속에 비친 자신의 모습이 가엽다. 그러다 미워져 돌아가고, 다시 가여워 그리워진다. 청년 윤동주가 거기에 서 있다. 그는 일제강점기라는 어두운 현실 속에서 끊임없이 성찰하고 번뇌했다. 그가 남긴 시에는 고통받는 조국의 슬픈 현실과 고뇌하는 시인의 모습이 겹쳐 있다.

자화상

산모퉁이를 돌아
논가 외딴 우물을 홀로 찾아가선

가만히 들여다봅니다.

우물 속에는 달이 밝고

구름이 흐르고

하늘이 펼치고

파아란 바람이 불고

가을이 있습니다.

그리고 한 사나이가 있습니다.

어쩐지 그 사나이가

미워져 돌아갑니다.

돌아가다 생각하니

그 사나이가 가엾어집니다.

도로 가 들여다보니

사나이는 그대로 있습니다.

다시 그 사나이가

미워져 돌아갑니다.

돌아가 생각하니

그 사나이가 그리워집니다.

우물 속에는 달이 밝고

구름이 흐르고

하늘이 펼치고

파아란 바람이 불고

가을이 있고

추억처럼 사나이가 있습니다.

_윤동주, 〈자화상〉

윤동주 시인의 대표작 중 우물을 내려다보며 쓴 시 〈자화상〉이다. 문학관은 수도가압장의 물탱크를 재생시킨 공간이다. 물탱크와 우물은 너무도 닮아 있다. 물탱크 천장을 걷어내 열린 우물을 형상화했기에, 옥상 쪽으로 올라와 아래를 내려다보면 꼭 우물을 보는 것과 같다. 전시장은 '우물'을 형상화한 공간들로 구성됐다.

　문학관 안에는 윤동주를 닮은 3개의 공간이 있다. 순백의 공간 – 시인채, 자연광이 비치는 작은 뜰 – 열린 우물, 사색의 공간 – 닫힌 우물이다. 가압장 건물에 만들어진 '시인채'에 들어서면 시인의 영인본과 함께 다양한 기록물이 전시되어 있다. 시인을 닮은 공간에 들어가기 전, 그의 생애와 작품을 마주할 수 있는 공간이다.

　물탱크의 천장을 걷어내 만든 공간이 '열린 우물'이다. 하늘과 맞닿은 중정이다. 땅에는 풀과 흙, 돌들이 채워졌다. 하늘에는 해와 달과 별이 고르게 놓여 있다. 낮엔 밝은 햇빛이, 밤엔 달과 별빛이 공간을 가득 채운다. 세월의 얼룩이 그대로 남아 있는 담벼락이 보인다. 밖에서 드리워진 팥배나무 가지들이 바람에 흔들린다. 팥배나무가 표현하는 사계절은 중정을 살아 있는 공간으로 만들기에 충분하다. 봄에는 푸른 잎이 솟고, 여름에는 꽃이 피고, 가을에는 열매가 열리고, 겨울에는 앙상한 가지를 드리운다. 윤동주의 시집 《하늘과 별과 바람과 시》와 이만큼 어울리는 공간이 또 있을까.

시인의 언덕 위에 서다

열린 우물을 지나 '닫힌 우물'로 들어간다. 문학관의 가압장을 통과해 중정을 지나고 마지막 들어서게 되는 공간이 바로 이곳, 컴컴한 물탱크다. 시인의 일생과 닮아 있는 공간의 흐름 속에서 우리는 윤동주의 숨결을 온전히 느낄 수 있다. 1945년 2월 16일 윤동주는 일본군에 끌려가 후쿠오카 감옥에서 아까운 생을 마감했다. 그의 나이 겨우 스물여덟이었다. 닫힌 우물은 이를 형상화한 공간으로 재탄생됐다. 바깥으로 연결된 사다리 통로의 빛은 후쿠오카 감옥에 드리워진 한 줄기 빛을 연상시킨다. 습하고 서늘한 공기는 감옥에서 고초를 겪어야 했던 시인의 쓸쓸했던 마음을 느끼게 한다. 세월의 흔적을 담고 있는 물얼룩은 마치 어두운 시대상에 얼룩진 시인의 상처를 표현해내는 듯하다. 한쪽 벽면에 채워지는 시인의 영상과 그 울림이 하나가 되어 시인 윤동주를 기리고 있다.

문학관을 나와 건물 옆 계단을 따라가니 '시인의 언덕'이 나온다. 인왕산 자락에 자리한 곳이다. 그의 시세계를 만나고 나니 더 감회가 새롭다. 그는 자주 효자동길을 따라 인왕산에 올라, 시상을 떠올리고 생각을 다듬었다고 한다. 눈 아래 펼쳐진 식민지의 모습을 바라보며 민족의 지난한 삶을 떠올렸으리라. 나 또한 학창시절 내내 이곳을 바라보며 현실을 한탄하기도 하고 미래를 꿈꾸기도 했다.

문득 그날이 떠오른다. 2002년 월드컵 4강 경기가 있던 그날, 나는 고3이었다. 집에서도 들리는 광화문 붉은 악마의 응원 소리에 밖으로 나왔다. 딱 이 자리였다. 저 멀리 들려오는 광화문의 함성을 향해 무수히 "대.한.민.국!"을 외쳤다. 내 마음에 학업보다 애국심이 더 불탔던 시절이다. 20년 전 내 모습에 떠올라 절로 웃음이 난다.

〈서시〉가 새겨진 시비로 잠시 시선을 옮겨 이탈한 감수성을 살뜰히 챙긴다. '별뜨락 카페'로 내려가 따뜻한 커피 향에 취한다. 눈앞에 다시 한번 학창 시절의 나를 소환한다. 입가에는 번지는 멋쩍은 웃음이 참 달콤한 순간이다.

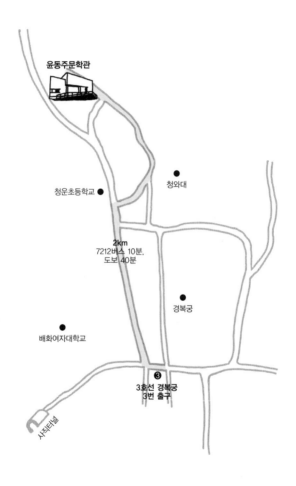

📍 윤동주문학관

윤동주문학관

청와대

청운초등학교 ●

2km
7212버스 10분,
도보 40분

경복궁

배화여자대학교 ●

③
3호선 경복궁
3번 출구

사직터널

🔘 **윤동주문학관** 서울 종로구 창의문로 119

Thanks to ————————————

노현숙 · 박현주 · 박연주
엄기욱 · 황사현 · 엄재이 · 황이나 · 엄재빈
최정윤 · 이지민 · 김예든 · 이보경 · 박지혜